经济学和你想象的不一样

JINGJIXUEHENIXIANGXIANGDEBUYIYANG

像经济学家一样思考，让经济学融入你的生活。

讲述不一样的经济学，管理好自己的钱口袋。

JINGJIXUE

经济学 和你想象的不一样

像经济学家一样思考，让经济学融入你的生活。

讲述不一样的经济学，管理好自己的钱口袋。

本书通过深入浅出的阐述，告诉你一个不一样的经济学，并通过了解经济学，明白经济学能为我们带来什么，最终使我们体会到经济学的真正作用，从而用经济学的思维方式来武装我们的头脑。

李世化⊙编著

石油工业出版社

图书在版编目（CIP）数据

经济学和你想象的不一样/李世化编著.
北京：石油工业出版社，2011.8
ISBN 978-7-5021-8553-4

Ⅰ.经…
Ⅱ.李…
Ⅲ.经管学-通俗读物
Ⅳ.H019

中国版本图书馆 CIP 数据核字（2011）第 138763 号

经济学和你想象的不一样
李世化　编著

出版发行：石油工业出版社
（北京安定门外安华里 2 区 1 号楼 100011）
网　址：www.petropub.com.cn
编辑部：（010）64523559　营销部：（010）64523603
经　　销：全国新华书店
印　　刷：北京燕旭开拓印务有限公司

2011 年 8 月第 1 版　2011 年 8 月第 1 次印刷
710×1000 毫米　开本：1/16　印张：15.5
字数：188 千字

定价：58.00 元
（如出现印装质量问题，我社发行部负责调换）

前言

在我国古代典籍中就有“经济”一词，其意思为“经世济民”，含有“治国平天下”的意思。而近代的“经济”一词来源于希腊语，其意思为“管理一个家庭的人”。古希腊史学家色诺芬在他的《经济论》中将“家庭”及“管理”两词的结合理解为经济。到了现代，“经济”被理解为指社会物质生产、流通、交换等活动。也就是说，小到一个人、一个家庭，大至国家，只要有生产、流通、交换等活动，都隶属于“经济学”的范畴。

经济学作为一门现代科学，并不是只与经济发展、国计民生、企业经营密不可分，而是和我们每个人都息息相关。事实上，经济学每时每刻都在我们身边，虽然你没有注意到，但事实上你已经运用了经济学的观点和理念去解决一些实际问题了。

提起经济学，在很多人印象中，就是“供给需求”、“宏观微观”等抽象的专业术语。其实，经济学是一门社会科学，是一门非常实用的现代科学，但是能真正了解经济学，并为已所用者并不多。如果你懂得一点经济学，就可以指引你的日常生活，让你知道我们的日常生活时刻与经济分不开，学习经济学的目的是让你管理好自己的钱口袋。

本书通过深入浅出的阐述，告诉你一个不一样的经济学，并通过了解经济学，明白经济学能为我们带来什么，最终使我们体会到经济学的真正作用，从而用经济学的思维方式来武装我们的头脑。

第三章 市场供求经济学和你想的不一样

第四章 消费经济学和你想的不一样

第五章　投资经济学和你想的不一样

第六章　博弈经济学和你想的不一样

第七章　公共经济学和你想的不一样

第八章　商家卖场经济学和你想的不一样

第九章　宏观经济学和你想的不一样

第一章

有钱人的经济学和你想的不一样

懂点经济学让人活得更快乐

人对自己没有的东西充满向往，这就是“欲望”。人的欲望是没有穷尽的，中国人常说，“欲壑难填”，“人心不足蛇吞象”。

美国社会心理学家马斯洛认为人的欲望有五个层次，它们的关系是渐次递进的。从生理上的需要开始，到安全上的需要、感情和归属的需要、尊重的需要，最后上升到自我实现的需要——这也是欲望的最高层次。

中国古代的先哲们提出了比自我实现更高的目标，也就是天人合一，成为宇宙的公民。庄子和老子实现不了这个目标，连圣人孔子也无法企及。于是有人提出“无欲则刚”。其实，无欲是做不到的，不过是以前吃过太贪婪的亏，暂时克制一下罢了。如果诱惑足够，错误还将重演。无欲的人生，又有何趣？

人活着，究竟为了什么？其实就是为了快乐。你挣钱，是为了吃饭，吃饭是为了快乐；唱歌、跳舞、游泳、下棋，莫不是为了快乐。

而痛苦是快乐的敌人。于是我们就要想办法，减少痛苦，满足欲望，获得快乐。

用什么满足欲望，减少痛苦和烦恼呢？

经济学家告诉你：资源！资源是人可以利用、满足欲望的手段。有些资源，比如空气、阳光，取之不竭，无穷无尽，这些东西不足虑，经济学家也不考虑这类资源。

但是，更多的资源与我们的需要相比，却显得不够。这个不够的状态，经济学家叫“稀缺”。稀缺，当然是少，可是这个少，不是绝对的少，而是相对的少，相对我们需要的量显得少。有必要提一下，在经济学里，大部分概念都是相对性概念。

稀缺性的资源，叫“经济资源”，得到它们是要付出代价的。

经济学正是为此而来。经济学要解决的是：如何利用稀缺的资源，尽力克服稀缺性，更好地满足人的欲望。具体来说，即生产什么、如何生产以及为谁生产。

（1）生产什么？中国电视机产量世界第一，大飞机却生产得很少。如果不停止生产电视，把资源转为生产飞机会怎么样？

资源是有限的，不能兼顾（如果能，资源就不稀缺），只能选其一。

（2）如何生产？农民种粮，既可以用机器，也可以用人工。收割机当然比人工快，可是如果只有一亩地，还是人工好，因为机器太贵，不值得。如果是大面积耕作，当然是机器划算。所以，中国农村至今主要用人工，美国的农场则用大型机械，否则全赔钱。

生产（也包括消费）的方式有多种，不同方式的后果不同，这是第二个问题，即如何生产。

（3）为谁生产？生产并不是目的，消费才是。产品只有到达消费者手里，才算完成了它的使命。产品到个人手里的过程，叫做分配。如何分配，即“为谁生产”，是非常重要的。

三个问题合起来，就是著名的“资源配置”。

解决了以上三个问题你就会发现，我们根据市场的需求生产商品，满足了市场需求，同时又满足了我们自己的需求，最终会使我们获得快乐。

用经济学的思维方式去获得成功

自改革开放以来，我国的经济得到了飞速发展，取得了辉煌的成绩。我们的经济生活也发生了巨大的变化，人们终于可以大方地追求自己的利益和幸福了。

这个时候，经济学的作用开始显现了，因为经济学所讲述的就是怎么样引导个人做到利益最大化。

比如，这两年发生的世界金融危机，影响着每个人的生活。你知道这次危机是如何形成的？为什么小小的次贷危机，能跨海过洲，扰动全球？为什么石油价格迅速升高到 147 美元一桶，但在大家都认为至少涨到 200 美元的时候，油价却又突然调头，一口气跌落到 60 多美元？为什么实用性不大的钻石那么贵，而人们须臾都离不开的水却那么便宜？期权和期货市场又是怎样运作的？等等。

只有系统了解经济学，才能明白这些是怎么回事。心里明白了，就少了惶惑。

经济学是关于理性的人如何进行选择的学问。人每天都面临选择，如果你不在乎结果，那么怎么选择无所谓，可是，如果你想要最好的结果，就要仔细考虑，慎重抉择了。

最好的结果是什么？快乐和幸福！一天选择错误，就少一天的快乐，而人生不过百年，在重要关头，选择错误，一生的幸福也就丢掉了。

选择的关键是方法，经济学就是告诉人们，如何做出更合理地选择，以获得更大的快乐，当然是世俗的快乐。

经济学是社会科学，不是自然科学，它有自己特殊的思维方式，这些方式与直觉不同，甚或完全相反。比如，“比较优势原理”告诉人们，即使一个人（或者一个国家），样样都不如别人，可是别人会像他有求于人那样，有求于他，他可以过得和别人一样好。

经济学又是所有社会科学中的另类，它大量借用自然科学工具，特别是数学。微积分、概率论是大学学习经济学的基础课程。在研究生阶段，学习经济学，要用到几乎所有高深的数学方法。正是这种借鉴，让经济学的分析更有力、更精准。

但是，经济学在本质上，绝不是数学。如果你没有学会经济学，不要抱怨自己的数学知识不够，而是你没有学会经济学的思维方式。

经济学是社会科学，其形式可能是复杂的，但是其道理及核心问题，则是人人皆可以理解和体会的。经济学的原理，既可以用复杂的模型表示，也可以用简单而通俗的语言加以描述。

所以，理解经济学的道理并不难，它不需要数学或者其他特别学科的基础，只要你有一颗年轻的心，愿意思考，就可以把经济学的道理搞明白。搞懂经济学，你对世界的理解层次就会提升。这就是经济学的智慧。

有了经济学的智慧，就更容易接近成功，剩下的就看你有没有运气了。

掌握了经济学就能让人发财吗？老实说，没有必然联系。你看《福布斯》排行榜上的富豪，有几个是学经济学出身的呢？不过，以后随着经济运行的规范化，这可能是个趋势。经济学的道理，一定有助于人们科学合理的投资，从而避免损失。

经济学还有更大的作用，亚当·斯密的经济学吹响了自由市场经济的号角，为大英帝国的崛起提供了思想力量；凯恩斯经济学的理论和政策主张力挽狂澜，拯救了资本主义世界；中国基于经济学基本原理而制定的对外开放政策，极大地改变了社会面貌，提升了中国的综合国力。

对了，还有一点你学经济学的理由：经济学非常有趣。作为枕边书，每天看看，用它的道理重新观察周围的人和事，学而时习之，不亦乐乎？

跟风的人永远赚不到大钱

不知道你有没有赶羊群的经历，当你把几只羊往前赶时，其他的羊也会跟着跑，没有羊会乱跑或者离群，如果每只羊都自作主张走自己的路，那么赶一百只羊可能就需要100个人了，正因为有了这种羊群效应，你可以很轻松地把羊群赶回家或者赶到屠宰场。

羊群效应又可称为从众心理，即通过其他人的表现来推断事物的好坏继而确定其是否值得自己效仿。羊群是一种很散乱的组织，平时在一起也是盲目地左冲右撞，但一旦有一只头羊奔跑起来，其他的羊也会不假思索地一哄而上，即使他们不知道是因为有捕食者的出现，还是因为前面有更好的草场。

作为高级动物的人类也同样存在着羊群效应。当你坐火车到了一个从来没有去过的城市，下火车后，如果没有看见出口指示牌，你会怎么做呢？当然是跟着人群一起走咯，因为大多数人的决定肯定是正确的，跟着他们一定可以到达出口。是的，一般情况下，跟着潮流走是没有错的，群众的眼睛是雪亮的嘛。

可是羊群效应造成的后果并不都是正面的。在证券市场上，人们总是喜欢看别人投资什么，别人买入时他就买入，别人卖出时他也卖出，因为别人买入某只股票肯定有他的道理，所以你会经常见到某只股票一涨再涨，一个涨停板接着一个涨停板地往上飙，然后忽然间有人开始抛了，于是大家又一哄而上，跟着抛出，于是股票开始狂跌，到最后只有那些领头羊才能获利，跟风者一般都会亏损出局，而那些领头者也就是我们通常说的庄家。至此你应该明白庄家是如何操纵股票，并从中赚钱的吧。

任何事物都有其产生的根源，羊群效应也不例外。在大自然中，如果个体跟随整体一起行动往往意味着最低的风险，如果离开群体则很容易被捕食者捕杀，而且一个人也很难独自找到好的食物来源。在证券市场上也是一样，由于获取信息并进行分析是有成本的，不同投资者获取信息的能力不等，机构投资者拥有资金、人才、技术优势，而个体投资者无法承担这些成本。然而这些信息却可以从别人的买卖行为中体现出来，所以你就会听到市场上的小道消息到处乱飞，人们跟着大机构买和卖，从而造成一定的羊群效应。

其实我们生活当中也是有很多这样的现象的，例如在一个村子里面，一位颇有远见的农民种了一种经济作物，到丰收的时候大赚了一笔。第二年这个村子就会有很多的人种植这种经济作物，并因此也赚了钱。到了第三年呢，附近的村子甚至更远地方的人都知道了种植这种经济作物能赚钱，那么这个时候羊群效应发挥了其巨大的作用，殊不知这个时候，由于产量的大幅度提升，这种经济作物已经不值钱了。

做企业也是这样的道理，在很多企业都觉得投资一种项目能获得很大收益，并都开始付出行动的时候，如果你也想投资同一项目的话，那么此时承担的风险是相当大的。并不是说羊群效应不好，而是我们要懂得何时做跟风的小羊，企业在刚刚起步的时候，由于整个市场的大趋势的影响，是可以跟风的，但是，当企业达到一定的规模之后，如果还是一味地跟着别人跑，那么企业将因为缺乏创新而落后，这个时候企业就应当选择合适的方式，使自己发展壮大。

大家做事喜欢跟着大部队，但大部队的方向有时并不正确。有智慧的人懂得何时当跟风的小羊，何时当上领头羊。经济生产也是一样，不要跟风，要认清形势，看到现象背后特殊的一面，这样才能获取更多的利润。

不去赚超出想象的收益

庞氏骗局是一种古老而又常见的投资诈骗，这种骗术是由投机商查尔斯·庞齐“发明”的。它一般是以高资金回报率为许诺来骗取投资者投资，再用后来的投资者的投资去偿付前期投资者。目前全世界的范围内，每年仍然会有很多的投资者因庞氏骗局而倾家荡产。

查尔斯·庞齐是一个意大利人，在1903年移民到美国。他在美国干过各种工作，还曾经因为走私，在加拿大蹲过一段时间监狱。后来他发现赚大钱最快的方法就是搞金融，于是在1919年，他来到了波士顿，并刻意隐瞒了自己的历史。

查尔斯·庞齐设计了一个投资计划，向美国大众兜售：宣称只要购买欧洲的某种邮票就会赚大钱，并且故意把这种交易弄得非常复杂。这样还不足以吸引大量的投资，于是他又宣布凡是投资的人在45天之内都可以获得50%的回报，并且确实兑现了：第一批投资者的确得到了50%的收益率。此后一年的时间里差不多有4万的波士顿市民，疯狂地向庞齐进行投资，那些投资者大多是怀揣发财梦的穷人。庞齐很快住上了拥有20个房间的别墅，买了100多套昂贵的西装，还给情人买了无数的首饰，摇身一变成了顶级富翁。

然而纸是包不住火的，当他无法募集到更多的钱给以前的投资者作为回报时，他的骗局破产了，无数人的财产就这样顷刻间灰飞烟灭。庞齐被判了五年的刑期，历史上也出现了专门以其名字命名的骗术——庞氏骗局。

从此之后，庞氏骗局在世界各地不断上演，并衍生出许多变种，方法也越来越隐蔽，因而从来不乏上钩的鱼儿。有史以来最大的一起诈骗案——麦道夫巨额诈骗案，涉案资金高达500亿美元，其诈骗方法也类似于庞氏骗局。

伯纳德·麦道夫是一个传奇人物，他是纳斯达克市场董事会主席，身兼美国证监会顾问的职务，一直以来都被看做是华尔街的奠基人。他在1990年成立了一家资产管理公司，并通过自己的关系网募集资金，通过自己的客户介绍客户，迅速有了不小的规模。从表面看来，该基金不断做着购买大盘增长基金和定额认股权等生意，并且每月能够保证有1%的收益，一直被人们当做稳健的投资品种。就这样20年风雨无阻，他保证了投资人每年能够获得10%～15%的收益率，就连2008年美国标准普尔指数下降37.7%的情况下，还同样保持了这个增长率，令人不得不叹服。

但是随着金融危机的深化，更多的投资者希望能够持有现金，向麦道夫投资的人越来越少，最终因资金链出现问题，终于东窗事发。2009年6月29日，麦道夫被纽约南区联邦法院判处150年监禁。在这次庞氏骗局最大的受害者名单上，甚至有着汇丰、法国巴黎银行、西班牙金融大鳄桑坦银行等国际顶级银行，这些拥有丰富专业经验的受害者，完美地诠释了华尔街的多面性。若不是这次金融危机的出现，麦道夫的庞氏骗局或许还将继续演绎下去。

这样的事件在国内也是屡见不鲜，例如2006年上海就发生了一起类似的案件：

从2002年起，两家分别名为托普、飞马的所谓海外投资集团上海办事机构，频频出现在国内各大招商引资的会展现场，并以动辄数十亿美元的海外投资基金为条件，吸引全国上百家急于融资的企业与之洽谈筹款事宜。谁知，所谓的海外融资其实只是一种新型骗局的幌子。托普、飞马在短短5年中以此为诱饵，成功骗得全国超过40家企事业单位的760余万元人民币的所谓“翻译费”、“评估费”和“考察费”。

2006年11月，曾经向托普、飞马公司付费办理海外融资的大批受害单位，向闸北警方集中报案。经媒体报道后，警方很快摸清了两家公司利用虚拟的海外巨额资金，向受骗人实施诈骗的新型骗术，并对两家公司的多名涉案人，采取了相关措施。

最终，这起上海首例融资诈骗案的3名核心涉案人，在闸北法院被刑事宣判。3名主要涉案人分别因合同诈骗罪，获刑6年至11年，并分别被判罚金5万元至8万元。

现在的人们不再只是将自己手中持有的货币存放在银行去获取利息了，更多的是用来进行投资，但是在投资的过程当中就要警惕了，屡见不鲜的庞氏骗局是在不停变化的，虽然它会用美丽的外表加以伪装，但是它终究是个披着羊皮的狼。因此，我们在选择投资的时候就要擦亮你的慧眼，同时要对你所投资的企业或者项目进行有效的评估，看他是否具有所描述的那样的能力，是不是真实可信的。

道德风险是投资时应考虑的重要因素

道德风险是指从事经济活动的人在最大限度地增进自身效用的同时做出不利于他人的行动。一般是指签约的一方在不完全承担风险后果时所采取的自身效用最大化的自私行为。

当人们不用全部承担自己行为的后果时，往往就会出现自私行为，做出很多自私的决定以使自己的利益最大化，而这些决定造成的损失则由别人去承担。

在美国的一所大学里，自行车被盗现象曾经比较普遍，这令许多人感到很不安。几个学生却从中发现了商机，他们做了一份详细的调查，调查结果显示有10%的自行车会被盗。他们开发出一种车险，保费为标的价格的15%，如果参保人自行车丢了就可以获得全额的赔偿。由于同学们都担心自己的车子被盗，所以他们投保都非常积极。按理说这几个学生应该赚大钱了，因为他们收取的保费比被盗率高5%，即平均下来有5%的利润。可是到了最后，他们发现自己亏本了，很难再运作下去，原因是参保人的自行车被盗率大大增加了。

这又是为什么呢？难道小偷会偏爱投保的自行车？其实不是的。原因在于，投保的学生由于车子丢了能够获得全额赔付，就比较不在乎车子会不会被盗，因此采取的防范措施也就不严密了。比如说有的车主本来为自己的自行车上两把锁的，现在怕麻烦就上一把了；本来是不会停放到那些特别混乱、小偷经常出没的地方的，现在也无所谓了。导致他们的自行车被盗率远远高于15%，最终导致了保险公司的亏损。这里就存在一个道德风险的问题，由于那些投保的学生不需要承担任何责任和损失，导致了他们对自行车丢失这一问题的毫不在意。

在改革的过程中，我们经常听到的一句话就是“谁投资、谁决策，谁受益、谁承担风险”。这句话的精髓就是权力与责任的对等，只有当人们需要承担自己作出的决定所产生的后果时，才能有效地规避道德风险。以前，我们的国有企业最大也是致命的缺陷就是权责不对等，作为企业的老总，把企业经营好了也不能享受其中的收益，企业经营得不好，也不需要承当损失，这样就存在道德风险。这就导致了任人唯亲、内幕交易的情况出现。

蛛网理论

目前我国农民在人口总数中的比重仍然占到了70%左右，13亿人中9亿是农民。这9亿人中，有很多人已经不再是传统意义上的农民，而是一个打工者，一个商业转型的实体。那么，为什么农民宁愿离家背井出去打工，也不愿意在家里做一个老老实实的农民呢？原因只有一个：做农民不赚钱。

比如，农民种菜种粮，去年的玉米、黄瓜涨价，今年肯定会有很多农民种玉米和黄瓜。结果到收获之后，这些农民才发现自己的如意算盘打错了，因为种的人太多，玉米和黄瓜出现了市场饱和，结果价格大跌，农民没赚到什么钱。于是，到第三年的时候，因为农民们去年吃亏了，今年种玉米和黄瓜的人就少了，玉米和黄瓜因为市场空缺严重，价格上涨，很多农民因为没有种植这两种植物，结果还是没有赚到钱。以此类推，农民就很难赚到钱。经济学家们把这种农产品频频陷入丰产却不增收的怪圈现象，叫做“丰收悖论”，即农民在丰收年获得的收入却比平常年低，甚至比歉收年还要低的一种矛盾现象。

造成这种现象的原因就是蛛网理论。那么什么是蛛网理论呢？

蛛网理论是指某些商品的价格与产量变动相互影响，引起规律性循环变动的理论。最早于1930年由美国的舒尔茨、荷兰的J·丁伯根和意大利的里奇各自独立提出。由于价格和产量的连续变动用图形表示犹如蛛网，英国的卡尔多于1934年将这种理论命名为蛛网理论。

蛛网理论是一种动态均衡分析理论，一般是用来分析农产品的。根据古典经济学的理论，如果供给量和价格的均衡被打破，经过竞争，均衡状态会自动恢复。而蛛网理论却证明，按照古典经济学静态下完全竞争的假设，均衡一旦被打破，经济系统并不一定能够自动恢复均衡。其根据的假设是：①完全竞争，每个生产者都认为当前的市场价格会持续下去，自己改变生产计划不会影响市场；②价格由供给量决定，供给量由上期的市场价格决定；③生产的商品不是耐用商品。

从蛛网型波动中，我们得到的启示是：不能让农民单独面对市场。因为他们没有足够的能力做出正确的市场预测，也不能在某种程度上控制市场或承担市场风险。

以投资股市来说，中国股市的规律很符合农产品的蛛网理论，其估值的波动是不收敛的，似乎总在两种极端之间摆动，要么是估值的上端极限，要么就直奔下端极限。

所以，如果你做股票投资，你会发现，一只股票一旦涨价，大部分人都会急速跟进，因为大家都会想，这只股票的价格上涨一定是中间出了什么问题，况且大家都在跟进，即使我跟进了，也不会直接影响到大盘的上涨走势。事实上，当你这样想的时候，其他投资者也都在这样想。最后的结果就是资金急速膨胀，饱和之后会立刻出现股价的大幅下跌。如果你没有及时抛出股票，当然就会成为众多牺牲者之一。这就是经济学中蛛网理论给你设下的一个陷阱。如果你钻进去，就会被这张蜘蛛网牢牢地绑住手脚。

生活中有很多这样的蛛网，比如说，你手里有一定的资金，但是不知道投向哪里才会有所收益，也许你会瞄准市面上很流行的项目（此项自己使许多人获利），或是一个你自己觉得还有点潜力的项目（但目前还是冷门，几乎没有什么人在做）。如果有人劝你说，那个已使多人获利的流行项目已经趋于饱和，你投入下去之后，很可能就会血本无归，还不如试试那个有点潜力的项目。你肯定会权衡一番：既然别人都赚钱了，我投入进去为什么就不能赚钱呢？谁知道这个市场的潜力有多大？再说，这么大的市场加我一个不多，少我一个不少。结果你还是会把自己的钱投入到那个流行的项目中，因为你觉得投入到那个冷门项目中没有安全感。到最后你会发现，当你投入资金的时候，市场确实已经饱和了。而那个冷门项目却因为市场的需要稳步上升，逐渐发展成热门项目。

所以，按照蛛网理论，你做任何事的时候都要有自己独立的见解和看法，不要轻易地随波逐流，应该以发展的眼光看待事情的未来走向。

在约束条件下作出决策

一天，一个男子乘飞机，向空姐要了一瓶矿泉水，然后就坐在座位上看报纸了。过了很久，矿泉水都没有送来，男人正准备提醒那位空姐，忽然听到后面有人说："我要的一瓶 XO 呢，怎么还没拿来！"于是空姐乖乖地去拿 XO 了。男人回头一看，原来是一只鹦鹉在说话，他感觉很有趣。

空姐很快把 XO 送来了，不料鹦鹉又说："老子要的是矿泉水，你是傻子啊？"空姐一边道歉一边又回去换矿泉水了。

男人心想，原来这位空姐欺软怕硬。于是他也冲空姐大吼一声："老子要的矿泉水呢？怎么还不给我拿来？"果然空姐乖乖地回去了，然而回来的时候，手里并没有矿泉水，而是带了一位身形健硕的男士。在空姐的指示下，那位男士轻轻松松地把这个男人扔到飞机外面去了。在下落的过程中，男人一直想不明白，为什么自己的面子还没有一只鹦鹉大。

就在此时，他发现鹦鹉也被扔了出来。鹦鹉经过男人身边的时候说："你这傻帽，没有翅膀还那么嚣张！"

这则小故事告诉我们在作出决定的时候要考虑自己的约束条件。故事中的鹦鹉可以飞，所以它可以很嚣张的又要 XO，又要矿泉水。而男人不会，这就是他的约束条件，在这个条件下他的最优选择就是慢慢等——虽然来得慢点，但至少不会被扔下来。

约束条件是指企业和消费者在做决策时所受到的限制条件，而这些限制条件就是企业所拥有的所有资源。企业和消费者只能在约束条件下使自己的利润和利益最大化。

我们的日常生活里也处处存在着约束条件，消费者希望消费更多的商品，但他可能只有固定的收入，那么这收入就是他的约束条件。企业在经营时，本身的运营资金、市场上竞争者的数量、消费者的需求等都是其约束条件，它必须在这样的约束条件下，作出决策，从而使自己的收益达到最大化。

第二章

经营管理经济学和你想的不一样

实现利润最大化需要新颖实用的方式

对我们每一个人来说，“利润”这个词已经是耳熟能详了，它就像宝盒里的珠宝，放射出诱人的光芒，所以，利润是任何一家企业经营的最高目标。从经济学的角度来说，一个从事生产或销售的企业，如果他的总收益大于总成本，那么他就会有剩余，这个剩余就是利润，那么，如何进一步深入理解利润最大化呢？对于一个企业来说，利润越多越好其实是没有什么意义的。原因很简单，企业的利润来自于自身的生产或者销售，在市场里，一个企业的生产和销售总是处于变化当中的，利润也随之在变化。因此问题的关键就在于，企业判断出自己在何种经营状态时能够取得利润的最大值。这就意味着，衡量如何实现“利润最大化”时，必须遵从客观实际出发。

山姆·沃尔顿（1918~1992），沃尔玛公司的创始人。1918 年，沃尔顿出生在美国阿肯色州的一个小镇上，小时候当过报童。1936 年，他进入密苏里大学攻读经济学学士学位。二战期间，沃尔顿曾服役于陆军情报团。战争结束后他回到故乡，向岳父借了 2 万美元，加上当兵时积攒的 5000 美元，于 1951 年 7 月和妻子海伦在阿肯色州本顿威尔镇开办了一家商店。1960 年，沃尔顿已有 15 家商店分布在本顿威尔镇的周围地区，年营业额达到 140 万美元。1962 年，沃尔顿用所有的财产在罗杰斯城创办了第一家沃尔玛折扣百货店，营业面积为 1500 平方米，第一年的营业额就达到 70 万美元。1969 年 10 月 31 日成立沃尔玛百货有限公司。1985 年~1989 年，山姆·沃尔顿连续四年在《福布斯》富豪排行榜上位居榜首。

1986 年，被《金融世界》授予“本年度最佳企业家”金质奖章。1989 年，被全美零售联合会授予金质奖章，同年入选《华尔街日报》十大最有影响力的商业领袖。1992 年，沃尔顿获得美国自由勋章，同年 4 月 5 日辞世。在《财富》杂志公布的 2010 年美国 500 强企业排行榜上，沃尔玛以 4082.14亿美元的销售收入位居榜首。现在，沃尔玛已拥有 4000 多家营业零售单位，员工总数超过 210 万人。

为什么沃尔玛在短短的几十年就达到如此高的成就呢？究其原因我们分析如下：

在追求利润最大化的目标下，沃尔玛选对了方式，它建立了优秀的连锁经营模式。

20 世纪 50 年代，沃尔玛从“5～10 美分”的廉价商店起步，到今天，已逐渐成为包括折扣商店、购物广场、山姆会员店、家居商店等四种形式为主的一种直营连锁方式。沃尔玛的成功经验告诉我们，这种方式能够有利于与企业直接挂钩，减少中间环节，从而降低成本。同时对供应商直接配送产品，加强质量的监督与管理，使假冒伪劣产品无机可乘。

沃尔玛公司总部实行扁平结构的管理体制，下设四个事业部，分别管理着购物广场（含折扣店）、山姆会员店、国际业务和物流业务。通过事业部总裁、区域总裁、区域经理、店铺经理四个层次，直接对店铺的选址、开办、进货、库存、销售、财务、促销、培训、广告、公关等各项事务进行管理，店铺销售的所有商品，除了部分生鲜食品考虑到保鲜的要求，由店铺在附近自行采购外，其他全部要由事业部的采购部门统一采购，物流部门统一配送，这种连锁经营的模式，使得沃尔玛公司具有强大的市场竞争能力。

（1）由于沃尔玛公司与生产企业直接挂钩，大量集中采购、配送，不仅减少了中间环节，降低了进货成本，而且生产厂家面对如此大批量订货的客户，愿意在价格上给予优惠。因此，沃尔玛购物广场销售的商品，比其他商店的同类商品一般要便宜 10% 左右。山姆会员店由于实行仓储式销售，会员中有 1/3 左右是小零售商，兼有批发功能，价格比购物广场还低 5% 左右，大大增强了竞争能力。

（2）供应商把商品送到配送中心后，公司的检验部门运用多种技术手段，对商品质量进行严格检验。对信用好的供应商提供的商品，进行随机性的抽检；对新的供应商送来的商品，则要重点检验，防止假冒伪劣商品进入商店，使整个公司几千家店铺的声誉避免受到影响。公司总部在配送中心对商品进行检验，不仅把住了商品的源头，而且也解决了店铺由于缺乏技术手段，难以对商品质量进行规范化检验的困难。

（3）沃尔玛公司的商店管理部门不仅负责统一采购、配送商品，而且通过对市场形势进行不间断地分析研究，及时对经营模式和销售策略，包括商品种类、价格、摆放位置、陈列方式等，都提出具体的方案，并且运用电脑地技术制成图示，发到每个店铺。由于公司总部用单个店铺不可能投入的人力、物力、财力，用于研究经营战略与策略，再贯彻到各个店铺中去，使得整个公司的经营管理始终保持较高的水平，在竞争中处于有利地位。

（4）沃尔玛公司除了通过订货的方式，向生产企业反馈市场和消费信息以外，还不断开发公司自有品牌。即由沃尔玛公司向供货商提出商品性能、质量、外形等要求，使用沃尔玛公司确定的商标或品牌，在沃尔玛公司的连锁店中销售。目前，该公司的自有品牌在美国的沃尔玛连锁店中，已经占到20% ~25%左右。这种做法不仅直接指导生产者调整产品结构，提高产品质量，充分发挥流通指导生产的作用，而且由于自有品牌的市场独占性，也使得沃尔玛公司获得了较其他商品更高的利润。

企业不能一味地在最原始的方式下去追求利润，而应在利润最大化的驱使下，根据实际情况去分析企业所处的社会经营大环境，找出新颖、实用的经营方法，如此才能取得良好的效果。

诚信永远是经营的基石

1835年，摩根先生成为一家名叫“伊特纳火灾”的小保险公司的股东。天有不测风云，在伊特纳火灾保险公司投保的一位客户的住宅发生了火灾，按照规定，如果完全付清赔偿金，保险公司就会破产。股东们一个个惊慌失措，纷纷要求退股。摩根先生斟酌再三，认为自己的信誉比金钱更重要，他四处筹款并卖掉自己的房子，低价收购了所有要求退股的股份。然后他将赔金如数付给了投保的客户。一时间，伊特纳火灾保险公司声名鹊起。

身无分文的摩根先生成为保险公司的所有者，但保险公司已经濒临破产。无奈之中他打出广告，凡是再到伊特纳火灾保险公司投保的客户，其保险金一律加倍收取。

谁料客户很快蜂拥而至。原来在很多人的心目中，伊特纳公司是最讲信誉的保险公司，这一点使它比许多有名的大保险公司更受欢迎。伊特纳火灾保险公司从此崛起。

而这位摩根先生就是后来主宰美国华尔街的J·P·摩根的祖父，是美国亿万富翁摩根家族的创始人。

摩根成功的秘诀是什么？是诚信。诚信既是无形的力量，也是无形的财富。中国是一个讲诚信的大国，自古以来就有“民无信而不立”之说。晋商历时500年的成功靠的就是诚信两个字。八国联军进北京后，晋商在北京的票号被毁，账本库存全无，但票号对持有存单的人全部照付，不惜血本保信用。

诚信的本义就是要诚实、诚恳、守信、有信，反对隐瞒欺诈、反对伪劣假冒、反对弄虚作假。诚信虽然归属于道德范畴，但它同时也是市场经济得以运行的基石。

古人云："无诚则有失，无信则招祸。"如果厂商失去诚信，不仅坑害消费者，最终也会为自己招致祸端。那些践踏诚信的人也许能一时得利，但终将作茧自缚、自食其果；那些制假售假者或欺蒙诈骗者，往往在得手一两次后，便会陷入绝境，导致人财两空。

有一个关于诚信的故事。一对夫妻开了家烧酒店。丈夫是个老实人，为人真诚、热情，烧制的酒也好，人称"小茅台"。有道是"酒香不怕巷子深"，一传十，十传百，酒店生意兴隆，常常供不应求。为了扩大生产规模，丈夫决定外出购买设备。临行前，他把酒店的事都交给了妻子。几天后，丈夫归来，妻子说："我知道了做生意的秘诀。这几天我赚的钱比过去一个月挣的还多，秘诀就是，我在酒里兑了水。"丈夫给了妻子一记重重的耳光，他知道妻子这种坑害顾客的行为会将他们苦心经营的酒店的牌子砸了。"酒里兑水"的事情被顾客发现后，酒店的生意日渐冷清，最后不得不关门停业了。

在市场经济的今天，"假"可谓是一个比较时髦的字眼，某些官员造假数据，某些商人造假产品，某些学校甚至卖假文凭，诚信问题更加突出。要恢复诚信，建立人与人之间的信任关系，已成为市场经济成败的关键。市场经济归根结底是以诚信为基础的。西方有句谚语说，你能永远欺骗少数人，也能暂时欺骗所有人，但你不能永远欺骗所有人。

在现代经济社会，即使一个企业拥有雄厚的资本实力和现代化的机器设备，有誉满全球的品牌优势，建立了很好的采购和销售网络，并且有一支高素质的员工队伍和高学历的管理者队伍，但如果它在财务报表上，在商品质量上，在服务上做假，欺骗商品客户和投资者，就会丢掉信用资本，因此也没有银行愿意给他贷款，企业的股票、债券和商品就没有人买，合作者和客户没有了，所有物力资本和人力资本就失去了它的意义，企业必然会陷入困境，并最终在市场中消失。

诚信被越来越多的企业所看重。诚信是为人之道，是立身处事之本，是人与人之间相互信任的基础。诚实守信作为职业道德，对于一个行业来说，其基本作用是树立良好的信誉，树立起值得他人信赖的行业形象。它体现了社会承认一个行业在以往职业活动中的价值，从而影响到该行业在未来活动中的地位和作用。

严厉的惩罚加大了不讲信用的成本，或者说增加了讲信用的收益。所以，必须有严惩不讲信用的立法，才有社会诚信。如今的发达国家在市场经济初期也充满了欺诈和背信弃义，欠债、假冒伪劣这些现象也曾严重干扰着社会经济。当不讲信用的成本太高，收益是负值的时候，诚信社会便会建立起来。

我们每个人都有义务从自身做起，恪守诚信，让诚信成为我们为人处世的准则。只有这样，我们的生活才能绚丽多彩，我们的社会才能不断进步。因此，我们应该时刻记住：诚信如金！

开发新客户不如留住老客户

清朝时，红顶商人胡雪岩十分重视对顾客的服务。他要求凡出自胡庆余堂的药品一律货真价实，并要求员工必须遵守“戒欺”的店规。凡事以顾客为上，遇到药品质量不高要收回调换时，不得怠慢，直到顾客满意为止。

一次，一名来自远方的客人在胡庆余堂买了一盒胡氏辟瘟丹，结果打开一闻，发现药有杂味。于是，他前来退货，胡雪岩听说后，上前审视药丹，发现是因新换药柜引起药物串味。他随即向顾客致歉，并令店员另换新药。谁知，此药已经售完。为免远道而来的客人失望，胡雪岩将客人留宿家中，并承诺三天之内必把药丹亲自奉上。果然，三天后，这名客人拿到了新的药丹，客人在感动之余更是对胡庆余堂的服务赞不绝口。

后来，凭借优质的药品和服务，胡庆余堂的规模越办越大，百年来几遭磨难而经久不衰，至今仍享誉国内外。

胡雪岩坚持将顾客是否满意放在做生意的第一位，才取得了日后在生意和人生上的成功。作为一代药商，他留给后人的致富秘诀也是此条。其实很多优秀的企业家都将顾客是否满意视为成功与否的不二法门。在经济学中，有这样一个词语用来充当顾客是否满意的标尺，即顾客满意度。

本质上讲，顾客满意度反映的是顾客的一种心理状态，它来源于顾客对企业的某种产品及服务所产生的感受与自己的期望所进行的对比。也就是说“满意”并不是一个绝对概念，而是一个相对概念。企业不能闭门造车，留恋于自己对服务、服务态度、产品质量、价格等指标是否优化的主观判断上，而应考察所提供的产品服务与顾客期望、要求等的吻合程度如何。

一般来说，消费者在使用商品（包括有形产品和服务）以后，会根据自己的消费经验，对商品作出一个自我评价，并在此评价的基础上形成对该产品的态度，即是否感到满意。在别人眼中，消费者的这种感受充其量只算作是一种心理活动，但在善用统计和测量的经济学家看来，这种满意同样是可以被评估和测量的。如同其他的生活数据一样，满意也可以利用定量的计算方法来衡量，而这个衡量的结果就是顾客满意度指数。

此时，有人就会问了，“满意”怎么可能会被测量出来呢？生活中还存在着这样一个公式：满意 = 实际效果 > 预期。也就是说，对于我们来说，当在购买和接受服务之前，都会预先设想到我们应该会有怎样一个体会，也就是说有一个期望值。

自然而然的，在体验产品和服务时，顾客就会产生一个实际的效果感受。倘若这些效果远远低于客户的期望值，那么客户心理就会亮出不满意的红灯；如果实际效果与期望值差不多，客户会感觉到一般满意；如果实际效果超过了期望值，甚至带来惊喜，客户就会非常满意。

斯宾诺的西装里经常携带大量的支票及各式收据。一次洗衣服时，西装里有一张数额不菲的支票被洗了，等到发现时，这张足以让他破产的，支票已经残损不堪。当他听说英国银行新提供了一项服务，能将破损的支票还原，尽管斯宾诺对这种服务并不抱太大期望，但他还是走进了银行。经过一番鉴定后，斯宾诺居然得到了全部的钱。于是，当银行的服务员让他为服务打分时，斯宾诺毫不犹豫地打了满分！

在这个故事里，当斯宾诺听说银行有恢复残损支票的服务时，我们可以假定他对银行服务的预期评价为 30（假定顾客评价 100 时为满意），而当他得到全额的还款时，现实远远超出了自己的预期，他不仅对此感到满意，甚至还很激动，由此我们可以假定他的实际效果评价为 120。通过这样的数值，我们就能很清楚地看到斯宾诺的满意程度。同样的，很多其他的服务也都可以通过一系列的数理测量和计算在满意度指数上体现出来，从而让我们看出顾客对产品满意的不同表现。

对于顾客来说，满意度指数越高就会对这种产品越给予承认，自然会乐意继续消费这种产品，倘若相反，则会对产品有意见，甚至于投诉。顾客的满意度指数越高，他们对企业产品的忠诚度越高，也越能更好地维护企业的顾客群体。奇怪的是，很多企业并没有重视老客户的流失问题，而是把更多的精力放在开发新的客户上，要知道：保留一个老客户的成本远远低于开发一个新客户的成本！这一点，对于企业实际上是至关重要的。因为一句满意，会产生一些新的顾客，也会因为一句不满意，流失掉另外一些顾客。

提升顾客满意度在发掘潜在顾客上也能起到良好的作用。潜在客户或有购买兴趣、购买需求，或有购买欲望、购买能力，但尚未与企业或组织发生交易关系。他们在购买商品的时候，虽然对品牌的认知度不高，但是他们首先选择的就是顾客满意度高的企业的产品，因为这样会使他们在购物的时候能够放心消费。

很多商家都说金杯、银杯不如老百姓的口碑，因此，提高顾客满意度不仅能使老顾客得到满意的消费，同时也能开发一些潜在客户。

长尾理论：小需求为什么会催生大产业

阿里巴巴集团主席马云与中小网站有不解之缘，据说这与他的亲身经历有关。当年，竞争对手想要把淘宝网扼杀在“摇篮”中，于是同各大门户网站都签了排他性协议，导致几乎没有一家稍具规模的网站愿意展示有关淘宝网的广告。无奈之下，马云团队找到了中小网站，最终让多数的中小网站都挂上了他们的广告。此后，淘宝网歪打正着地红了，成为中国首屈一指的商业网站。马云因此对中小网站充满感激，试图挖掘更多与之合作的机会，结果让他找到了重要的商机。

在中国所有的网站中，中小网站在数量上所占的比重远远超过大型门户网站，尽管前者单个的流量不如后者，但它的总体流量仍相当庞大。过去，一个网络广告如果想要制造声势，只能投放在门户网站上，但其高昂的收费令中小企业很难承受。中小网站由于过去一直缺乏把自己的流量变现的能力，因此，其广告位的收费比较平民化，这恰好符合中小企业的需求。

在对目标客户的选择上，马云独辟蹊径，事实证明，他发现了真正的“宝藏”。其实，用经济学的话说，他是在利用“长尾效应”。

2004 年 10 月，美国人克里斯·安德森提出了“长尾”的概念。他将集中了人们需求的流行市场称为“头部”，而有些需求是小量的、零散的、个性化的，这部分需求所形成的非流行市场就是“尾巴”。长尾效应的意义在于“将所有非流行的市场累加起来就会形成一个比流行市场还大的市场”，这就是“长尾理论”。

"长尾理论"描述了这样一个新的时代：一个小数乘以一个非常大的数等于一个大数，许许多多小市场聚合在一起就成了一个大市场。"长尾理论"终结了被公认无比正确的"二八定律"时代。（"二八定律"：1897年，意大利经济学者帕累托注意到19世纪英国人的财富和收益模式，即社会上20%的人占有80%的社会财富。在原因和结果、投入和产出以及努力和报酬之间，存在着一种不平衡关系。二八定律为这种不平衡关系提供了一个非常好的衡量标准：80%的产出来自于20%的投入；80%的结果归结于20%的起因；80%的成绩归功于20%的努力。对于厂商来说，20%的产品或20%的客户，为企业赚得约80%的销售额或利润。）"长尾理论"诞生后，人们不再只关心20%的拥有80%的财富的那一群人了，因为80%的那群人占有的市场份额与20%的人占有的市场份额是相同的。

在日常经济生活中常有一些颇有趣味的商业现象可以用"长尾理论"来解释。如在亚马逊网上书店的销量中，畅销书的销量并没有占据所谓的80%，而非畅销书却由于数量上的积少成多而占据了销量的一半以上。

再如彩铃等数字音乐的出现，让深受盗版之苦的中国唱片业找到了一个陡然增长的、心甘情愿进行多次小额支付的庞大用户群。此前，有意愿进行金额可观的正版音乐消费的客户群，其数量少得可怜。

如果说"长尾理论"是一种理论观点的探讨，甚至是经济生活中的一种经济业态，这无可厚非，但如果以它引导企业行为，其效果未必是乐观的。

首先，"长尾"绝不意味着仅仅是把众多分散的小市场聚合为一个大尾巴，它还需要一个坚强有力的"头部"以及"头部"与"尾巴"之间的有效联系。

其次，无论怎么说，相对畅销品而言，"长尾"是非热销产品，属遗留产品或滞销品，无论在企业还是在市场上都属"处理品"，任何企业都不可能有意或着力生产这些产品，更不可能把这些滞销品和处理品作为企业的利润来源甚至是利润支撑，否则，那就是本末倒置，舍近期大利去追逐远期小利。

再次，在传统商业现有的游戏规则下几乎不可能。因为传统商业目前仍然是以“销售量带来的收益持平或者超过成本”这一商业常识作为指导，如果在自己的“零售网络”中最终聚集的用户数量还是非常少的话，依然无法通过这种产品赢利，这时要在“长尾市场”中做生意，不是为时已晚，就是压死企业的最后一根稻草。

“长尾理论”是把双刃剑，只有正确认识且能正确运用它的人，才能创造财富，否则就会一败涂地。因此，对待“长尾理论”的正确态度是：要慎重，要因产品制宜。一般情况下，单一企业不宜使用。

重视不同的声音并理性决策

优秀的经营者要善于听取不同的意见，这样会使他们在做出决策之前，对事情发生的情况以及后果进行全面估计，同时让他们的决策不偏离企业发展的方向，使企业能在正常的轨道上运转，这就是理性的经济学。

作为商界的杰出领袖，阿尔弗雷德·斯隆对美国企业的改革称得上是独一无二，他的眼光、胸襟、手腕、精力都要高人一头。他缔造了通用汽车王国，更开创了现代管理实践的先河。斯隆担任通用汽车公司首席执行官长达30年，他所表现出来的领导才华和取得的辉煌成就已经成为美国商界的传奇。

有一次，他主持会议讨论一项重要决策。在听取了大家的广泛发言后，他说："在我看来，大家都有了完全一致的看法了。"会议出席者都点头表示同意。但是斯隆却突然话锋一转："现在我宣布休会！这个问题延期到我们能听到不同意见时再开会决策。"开会者先是一愣，接着都会心地笑了。事实证明，斯隆避免了一个错误的决策。

斯隆做决策从来不靠"直觉"，他说："在没有出现不同意见之前，不做任何决策。"斯隆知道，只得到掌声的决策不是好决策，意见一致是因为每一个人都没有认真地做好自己的工作。他想要的是不同的意见，他也积极地敦促不同意见的产生。

斯隆先后领导通用公司33年。他刚到通用公司时，通用公司在美国汽车市场的占有率只有12%，可是到1956年斯隆退休时，通用公司的市场占有率上升到56%。在总结管理通用公司的经验教训时，斯隆深深地体会到，一个企业的成败，关键在于管理者的决策是否正确。决策正确，执行中即使出现点偏差也可以弥补；而决策失误，是最大的失误，执行中任何措施都难以补救。

斯隆总是鼓励员工提出不同意见。这种大度促使中层主管们勇于表达对决策的异议，即使面对公司最高管理层，主管们也不用担心这种行为会危及自己的职业生涯。

斯隆永远不愿通用卷入任何一场矛盾之中，这会破坏公司平稳的运营。在他担任通用总裁期间，他创立了各种特别委员会，定期和不定期地召开圆桌会议，以满足各种需要。斯隆强调，这些委员会有做出决策的权力。在实施这些决策前，委员会要听取各个委员的不同意见。

他强调公司在听取异议时，应该遵循以下 3 个原则：①鼓励成员互相交流意见；②让成员知道如何反映这些意见；③永远不要处罚那些因为提出异议而表现过激的人们。这 3 个基本原则包含了一套切实可行的体系，保证公司管理高层能够听到各种不同意见。

如果公司的高层不重视已经出现的意见分歧，更不相信这种分歧有利于解决问题，在工作中就无法做到开诚布公，这种做法的结果是，让公司成为老板的“一言堂”。很多公司都是领导做出决策，员工不管此决策正确与否，只要服从就行了，这就导致领导者不会发现问题，不会结合实际的去解决已经出现的问题，这就影响了领导者做出正确的决策。一项正确的决策往往是通过听取不同意见，集思广益，反复比较而获得的结果。作为决策者，在决策过程中，应善于听取不同意见、能听得进不同意见，反复论证，以求得决策的科学性和可靠性，这样才能保持企业持续、健康、稳定发展。

企业必须积极鼓励那些大胆发表看法的人，这是现代企业管理中有效的方法，这种方法能为管理者在决策上提供科学的依据，可以使企业向着理性的方向发展。

规模和效益之间并非单纯的正比关系

“人多力量大”，“众人拾柴火焰高”，这些耳熟能详的口号总是能让人联想到冲天的革命干劲和建设热情。它说明一个道理：只有形成规模，才能发挥强大的力量。

从经济学上讲，这就涉及一个组织规模问题。用专业术语描述，就是“规模报酬”问题。它是指在其他条件不变的情况下，企业内部各种生产要素按相同比例变化时所带来的产量变化。“一根筷子容易折，一把筷子折不断”固然是事例，但“一个和尚挑水喝，两个和尚抬水喝，三个和尚没水喝”却也是一个著名的故事。无数的事实早已证明，人多力量确实大，但未必就一定会有更高的效率。在经济学上，便将企业的规模报酬变化分为规模报酬递增、规模报酬不变和规模报酬递减三种情况，我们举例加以说明。

假设某大型啤酒厂月产 5 万吨啤酒，耗用资本为 50 个单位，耗用劳动为 50 个单位。现在扩大了生产规模，使用 100 个单位的资本和 100 个单位的劳动（生产规模扩大一倍）。由此所带来的收益变化可能有如下三种情形：

（1）产量大于 10 万吨，产量增加比例大于生产要素增加比例，这叫做规模报酬递增；

（2）产量等于 10 万吨，产量增加比例等于生产要素增加比例，这叫做规模报酬不变；

（3）产量小于 10 万吨，产量增加比例小于生产要素增加比例，这叫做规模报酬递减。

我们看到随着生产规模的变化，企业的规模报酬也在发生变化。那么，使得规模报酬变化的原因是什么呢？在经济学上，将这个原因称作“规模经济”，是指由于产出水平的扩大或者生产规模的扩大而引起产品平均成本的降低。反之，如果产出水平的扩大或者生产规模的扩大而引起了产品平均成本的升高，则将其称做“规模不经济”。

一个管理者当然希望自己的企业随着规模的增大，生产会出现规模报酬递增的情况，因为这往往意味着“规模经济”的实现。在实际生产中，我们也看到大部分企业都在力争扩大生产规模。那么，规模扩大，为什么很有可能出现规模报酬递增呢？原因主要有以下几个。

（1）大规模生产有助于更好地实现“专业化分工协作”。18 世纪的经济学之父亚当·斯密在《国富论》中已经以大头针行业为例说明了这个问题。一个受过专业训练的人，一天下来也只能做一个大头针，但是如果将生产划分为 18 道工序，每人只承担一道工序，平均算下来，大头针的人均日产量竟然可以达到 4800 个。这形象地说明了规模经济的显著。

（2）能够实现产品规格的统一和标准化。现在的大型企业生产的产品量非常大，比如一家大型的汽车生产企业，一年能生产出几十万台车，如果独立生产每一台车，那是很麻烦的，但是若生产出统一规格的零部件，不仅可以拿来组装成一台车，同时有的车辆在使用的过程中如果出现了问题，在维修时只要将坏的零部件换成新的就好了，这样能节约很大的成本。

（3）通过大量购入原材料，使单位购入成本下降。企业一旦实行了规模生产，就需要购买大量的原材料，这样就会使企业在购买原料时处于优势地位，价格自然就降低了，这样就使生产成本降低了许多。

（4）有利于新产品开发。在规模生产进行当中，各个部门不再负责整个产品了，他们负责的可能只是其中的一小部分，这样就使他们更加的专业化，对部件的了解程度加强了，从而能够对产品进行改进和创新。同时在规模经济形成之后，就会有足够的资金投入到新产品的研发当中去（大型的生产企业都有自己的设计创新团队）。

（5）具有较强的竞争力。在规模经济达到后，企业拥有了自己的研发、设计、生产、销售团队，这让企业的产品在市场上具备了各种优势，使得企业的产品吸引了更多人的眼球，也在无形之中提升了企业的竞争力。

但是，我们也知道“三个和尚没水喝”，企业一味追求大规模，未必就能实现高效益。这是因为各种生产因素都有一定的极限，当生产规模达到一定程度后，就不太可能还要追求规模经济的优势。否则就会发生“规模不经济”，企业生产变得不合理了。

专业化分工固然可以提高效率，但它不可能无限地加以细分，否则会带来副作用。专业化分工往往使得工作变成机械化运动，工人变得像一台机器，久而久之，工人就会产生厌烦情绪，消极怠工，导致效率下降。输油管道的直径也不能无限扩大，否则铺设成本必然大大增加。发电厂电力输送越远，电力的损耗就会因距离的一味增大而迅速上升。这些例子都说明，如果一味追求规模经济，必然会导致单位成本的上升，变成“规模不经济”。

从管理学的角度说，大规模生产必然会带来管理上的低效率。对任何一家企业而言，生产规模愈大便意味着管理层次愈多，企业内的协调和控制也就愈加困难，作出正确决策以及执行决策，也就需要更长时间，并且执行的有效性很难得到保证。这种管理上的局限性必然会带来规模报酬递减。

认识规模经济的规律，对于企业和企业家有着深刻的意义。企业急于做大，这几乎是中国企业和企业家的通病。盲目扩张，而不是着力于做实做强，这种无限制地做大，增加了成本，浪费了资源，导致频频出现“规模不经济”，最后全军覆没，这方面的经验教训太多了。企业家追求扩张，这个目的没有错，但是一定要在核心业务做实做强的基础上进行。只有在一切条件具备的情况下，企业规模变大，实现长久的规模经济才会水到渠成。

人多力量大，是大家都认同的，但有时却未必。规模和效益之间并非单纯的正比关系，而是由多方面的因素共同决定。如果一味的急于做大企业，而忽视了规模和效益之间的内在规律，往往会事倍功半，甚至适得其反。

丢掉已经发生的沉没成本

沉没成本指由过去的决策导致的，不能由现在或将来的任何决策所改变的成本。经济学家认为，理性的决策者应该考虑未来的投入与产出，而不会去考虑沉没成本。

以前有一位老人，来城里看望儿子。儿子给他买了很多东西，其中有一双鞋子令他爱不释手。坐在回乡的火车上，他不停地把玩这双心爱的新鞋子，自豪地告诉邻座的人，这是他儿子孝顺他的礼物。忽然，老人一不小心把一只鞋子滑落到了窗外，邻座的旅客一时间一片肃静，大家都看得出老人有多喜欢这双鞋子，可是……出乎大家意料的是，老人随即将另一只鞋也拿起来，用力扔出窗外。旁边的乘客大惑不解，问他为什么要把另一只鞋也丢掉，老人说：这只鞋子对我来说已经没有用了，但如果一个人正好从铁路旁经过，他就可以得到一双鞋，而不是一只鞋。

这个老人不但非常的善良可爱，还能深刻领会沉没成本的意义。虽然老人非常喜欢那双鞋子，但是当他不小心把其中一只丢到窗外时，这双鞋子对他就没有任何意义了，他再做决策时就不该再考虑这双鞋子的价值了。将鞋子丢出窗外，可以减轻自己对所犯错误的后悔情绪，还因为做了件好事而心情愉悦，何乐不为?

在我们的生活中，也会见到许多有关沉没成本的现象。一般在淡季，国内的很多航空公司都处于亏损状态，但是你却发现他们依然在运行，为什么呢？因为航空公司大部分的成本是购买飞机、建设飞机场等硬件设施，每次飞行所带来的成本是很小的。而这些硬件设施一旦投入就无法挽回，即使你说现在不飞了，那也没有办法使已有的投资收回，所以对于航空公司来说，继续飞行是最优的策略。

沉没成本具有无关性，即不管企业对之做出什么决策，都难以改变其结果。那么应该怎样对待“沉没成本”，最合理的方法就是管理者在继续作出各种决策时，不再考虑沉没成本。当然，话说回来，一个企业无论如何都应当尽力去减少沉没成本，这就需要管理者首先要努力避免失误的决策，能够从企业、市场的诸多方面对项目做出准确判断。比如英特尔公司，2000 年 12 月的时候，英特尔公司取消了一个芯片生产线。该生产线是英特尔公司专为低端的 PC 市场设计的整合型芯片，当初在将巨资投入这个项目的时候，英特尔公司的预测是：今后计算机减少制造成本的途径将是通过高度集成的设计来实现，针对这一分析，公司大力着手生产整合型的芯片。可是后来，PC 市场发生了巨大的变化，PC 制造厂商通过其他降低系统成本的方法，已经达到了目标，为此英特尔投入的成本已经成了典型的沉没成本。在这种情况下，英特尔公司的高层管理者果断地决定让该项目下马，从而避免在这个项目上耗费更多的资金。而后来的事实也证明，尽管开发该芯片给英特尔造成了损失，但及时放弃的做法使得公司得以将资金应用于其他领域，其收益很快便消除了沉没成本带来的不利影响。

老大爷的做法和英特尔的决策都是不再理会沉没成本，这也是大多数经济学家的建议。因为不管沉没的是什么，又有多少，对未来来说，都已经没有意义了。彻底放弃那些沉没的东西，才是最明智的选择。

一个人、一个企业在奋斗过程中不可避免地会走一些弯路，关键是及时地发现错误，纠正方向。企业经营也是如此，沉没成本既然已经发生，不要总想着已经投资了，就要得到回报，当务之急就是尽早舍弃，不要舍不得扔掉。放弃已经投入的成本，不要再理会它，以避免更大的成本投入到没有回报的项目上去。

机会成本的存在要求我们选择最优途径

从前，有个老汉在自家的土地上建了一个小型的造鞋厂，他每天早出晚归、披星戴月地工作，还要承受巨大的市场压力。到了年终，造鞋厂的财务信息显示，今年盈利了40万元，老汉万分高兴。可是旁边学过经济学的儿子却说他亏大了。老汉不解，明明是盈利怎么能说成亏损呢？儿子给他解释道："那块自家的地虽然拿来建厂子不需要付钱，但是如果出租给别人的话每年能够获得35万元的收益。而老爸你那么辛苦地工作，没要厂子一分钱，但你要是去帮别人管理公司，别人每年至少得付你10万元。这45万元是自家的土地资源和老爸你的人力资源的机会成本啊，而你的厂子用这两项资源却只赚了40万元。所以从经济学的角度来看，你经营的那个造鞋厂，实际上是亏损了5万元。"

不但在投资经商领域存在机会成本，平时的生活中也存在机会成本。当你选择周末出去游玩时，你就丧失了在家休息的机会。当你把钱拿去经商时，你就放弃了收取利息的机会。我们在做决定时，不能仅仅看到会计成本，还要看到除去会计成本以外的机会成本。就拿爱情来说吧，你可能要为爱情牺牲原本花在事业上的时间，为爱情放弃自己的个性，为爱情痛哭流涕、黯然神伤耗费大量精力，为已有的爱人放弃遇到下一个更爱你、更懂你的人的机会，为爱人减少与亲人朋友在一起的时间等等，这都是爱情的机会成本。

对于个人而言，机会成本往往是我们作出一项决策时放弃的东西，而且常常比我们预想中的还多。以你读研究生为例，你一年的学费、书本费等费用之和是不是就是入校的机会成本呢？当然不是，还不仅这些。机会成本还包括你用于学习的时间的机会成本。如果你将这些学习时间用于工作，它们也必然是一笔收入，只是你不得不放弃了。这样，我们就发现上学的机会成本是“实际的花销”再加上“放弃的收入”，如果你在读研前有一份收入不错的工作，我们就会发现你读研的机会成本将变得更大。

企业和政府在进行决策时，同样会遇到机会成本问题。比如在某个山区，既有秀丽如画的风景，又有丰富的矿藏。为了发展当地经济，政府有两个策略可以选择：一是建设旅游区，但要保护环境；二是大力开发矿藏，但要牺牲环境。由此引发了激烈争论，支持开发矿藏的人认为，这里高价值的矿藏可以立竿见影地提升当地经济水平。然而，与之相对应的机会成本却可能会很高。因为，如果开发矿藏而破坏了环境，旅游区的建设就会夭折，这种机会成本是难以估量的。此刻，矿藏的价值和旅游区的价值同样真实。

有选择才有自由，然而鱼与熊掌不能兼得，在选择的同时往往附带着机会成本。企业在选择新的生产线还是使用原有的生产线的问题上，就附带着机会成本。在原有的老式生产线上，企业已经有了很多的经验，员工在工作中也已经能熟练操作机器设备，同时，成本好控制等优势加起来是一笔不小的机会成本。但是，如果企业选择了新的生产线，就会出现花了巨资，但不知道能不能适合企业，员工能不能很好地掌握设备的操作，成本能不能很好地控制等等随之而来的很多问题。在企业做出选择之前，一定要好好计算一下机会成本，然后再做出决定。

现在回到老汉投资办厂的案例中来，老汉自己投资办厂和将地方租给别人经营两者之间存在着风险，老汉认为自己投资办厂的经济收益大于租给别人经营获得的收益。就投资成本而言，老汉自己经营的投资成本是很大的，自己投入了土地、金钱还有精力，然而老汉要是放弃了这些，转而将地租给别人经营，自己再去找一份工作的话收益将会更大。“鱼与熊掌不可兼得，舍鱼而取熊掌也。”孟子早在两千多年前就回答了机会成本的意义，因此我们现代人做出决定就更应该理性了。

在竞争日趋复杂、激烈的当今社会，企业在做出决策前更应当充分考虑机会成本。在充分考虑好得与失的情况下，选择最优的方案，最后做出理性的选择。

跑得快不如走得稳

某建筑公司正在讨论一项有关扩张、融资、转产的重大议题，这是关系企业生死存亡的大事，所有的董事以及中层干部都参与了讨论。

讨论刚开始，就形成了两大阵营。支持者认为，把企业做大做强是所有企业人的共同目标。这次，我们好不容易有了转产和扩张的机会，决不能放弃，否则会追悔莫及。反对者认为，做大做强企业本身没错，但必须分析实际情况，现在公司还不具备这种能力，弄不好会让自己陷入窘境甚至破产。双方各执一词，而且都举了大量实例。

事关重大，董事会没有当场表决，准备论证后改日再定。随后，该公司老总请来有关专家，想听听他们的建议。专家们仔细听完汇报并进行了实地考察后，写了一份意向书。意向书的开头描绘了一个游戏场面：用筷子夹起乒乓球跑50米，在限定的时间内，谁运送的球多，谁为胜者。结果跑得快的都没有取胜，原因在于速度加快的同时，也加大了身体的振幅，致使球频频掉落。相反，那个走一步看一步的反倒成了冠军。专家们对其中的原因进行了解读，并针对企业现状，从各个角度展开了深入的剖析，最后给出的建议是：就该公司目前的发展状况及相关行业的发展特点，不适合扩张、转产。

这种有理有据的分析，让该公司老总十分佩服，并放弃了这次“扩张”的机会。他说，建筑企业受市场风向的影响很大，必须筑牢根基，如果在我们还没有站稳的情况下，就贸然扩张，甚至将部分资产转入并不熟悉的行业，肯定会有很大的风险。

几年后，这家公司发现曾经的选择非常明智，因为另外两家同行在涉足跨行业领域后均告失利，有一家已经宣布破产。相反，这家公司在建筑业却越做越好、越做越大。

看来，快和稳，需要辩证地看待。要想跑得快，光有激情和远大目标是远远不够的，还必须建立在实力和可行的基础之上。有时，走得稳比跑得快更重要，它能让我们把工作做得更扎实、脚步迈得更坚实。而且，走得稳速度也未必慢，关键看我们在原有基础上能否闯出路子、打响牌子。

企业做大并不代表做强，做强是根本，做大是结果。盲目扩张规模，实质上等于慢性自杀。在实际经营过程中，一些企业经营者认为，只要通过扩张规模、做大企业，企业的竞争力自然会得到提升，利润也就会随之而来。其结果真的是这样吗？

在讨论这个问题之前，首先来看看做大与做强的关系。企业经营的规模及其业务范围扩张的过程被称为“做大”，而企业不断地积累发展动能，向更富有生机和活力的企业组织发展的过程被称为“做强”。从企业的发展角度来讲，大不一定强，两者之间没有必然的联系。企业“做大”强调的是量的概念，表现为扩大企业规模，如产品销售区域的扩大；而“做强”强调的是质的概念，表现为企业的竞争力，如同产品的内在升级。

在大与强的选择上，许多中国企业经营者会先选择迅速做大，然后期望做强，而事实上，这种追求“超规模”的期望往往会落空。在企业做大的同时，经济收益却下降了，一旦市场出现了波动，随之而来的是不可掌控的风险，最终将演化为“多米诺骨牌效应”！

2008 年 11 月 12 日，江苏不锈钢巨头兴利来特钢有限公司董事长包存林猝死。关于不锈钢巨头包存林猝死的原因是众说纷纭，企业对外的公告是因病猝死的，但是大多数人认为是因为企业资金链断裂，包存林走投无路而自杀身亡。54 岁的包存林身体一直很健康，从前没有生过什么病，所以猝死的可能性极小。在他去世前的一周，他就有过轻生的念头，当时他吞下大把的安眠药，被送往医院，最终醒了过来。之后家人为防不测，对他严加看守，可悲剧还是发生了。

1999 年，包存林和一个广东的老板合伙开了一个钢铁厂，当时的规模很小，占地只有16亩。2003年，产品远销世界30多个国家和地区，旗下的“长利”牌不锈钢获得江苏省名牌的称号。2004年，实现产值2.2亿元，利税4000万元。2005年，为了做大做强，包存林新征地328亩搞扩建，新上的680热连轧生产线等项目，投产后年产出可达到6~8亿元。2007年，全球金融危机爆发，并开始向实业蔓延。2008年，全球对钢铁的需求量快速下降，国内大部分钢铁企业停产或部分停产，产值下降近六成。包存林当年为了扩建，曾向银行贷款4.2亿元，金融危机爆发后他也没有幸免，眼看还款期限就要到了，而自己在整个行业都是产能过剩、企业没有销售额的情况下，手中已无资金，最终在强大的压力面前，选择了不归路。

逝者已逝，生者如斯。那些在创业道路上艰难跋涉的企业家们在推动中国经济发展的进程中做出了自己的贡献，值得我们尊敬。但是我们更应该去反思，在盲目投资，一味扩张的道路上，我们还能走多远？扩大企业规模，并不等于企业做强。而做强的企业必然会逐步发展到一个比较合适的规模。对企业而言，企业强意味着竞争力强、赢利能力强，而企业单纯扩大运营规模并不一定能真正实现赢利。

目前，许多企业管理者并没有深刻认识到做大与做强的关系，没有认识到把企业做强才是经营发展的最终目标。盲目做大只能导致企业在规模扩张中失去理性，使企业背上沉重的扩张包袱，直至将企业拖垮。

将企业做大是每个老板的梦想，但是从企业的长远发展来看，将企业做强、提升核心竞争力才能适应市场的发展，迅速提升企业效益，进而赢得更大的生存空间。

激励行为不应流于形式

一个企业要有一定的激励行为，否则，一些员工在企业工作时间长了以后，会对工作缺乏足够的动力，也会引起一些员工的不满，甚至会流失大量的优秀员工，下面的例子很好地说明了这一点。

有一家国内企业投资的五星级酒店于2007年在宁波开业，经过一段时间的试运营，有一半的一线员工离开了酒店。到2008年下半年，宁波市又有一家国外投资的五星级酒店开业后，国内企业投资的酒店的一线员工基本上都去了那家酒店。其实国内企业投资的酒店也有一些激励的措施，只是他们提出的措施并没有充分地激励员工，有些甚至是不切实际的，因此会出现流失大量员工的状况。

其实这里面就存在激励机制不当的问题。激励机制一旦形成，它就会作用于组织系统本身，使组织机能处于一定的状态，并进一步影响着组织的生存和发展。良好的激励机制对组织有助长作用。

激励机制对员工的某种符合组织期望的行为具有反复强化、不断增强的作用，在这样的助长作用下，组织不断发展壮大，不断成长。这样的激励机制就是良好的激励机制。当然，在良好的激励机制中，肯定有些措施会对员工的不符合组织期望的行为起约束作用。激励机制对员工行为的助长作用给管理者的启示是：管理者应能找准员工的真正需要，并将满足员工需要的措施与组织目标的实现有效地结合起来。

如何建立一个良好的激励机制就成了关键。良好的激励机制运行的过程就是激励主体（管理者）与激励客体（被管理者）之间互动的过程，也就是激励工作的过程。

这种激励机制运行模式，是从员工进入工作状态之前开始的，贯穿于实现组织目标的全过程，故又称之为全过程激励模式。

这一激励模式应用于管理实践中可分为 5 个步骤，其工作内容分别如下：

（1）双向交流。这一步的任务是使管理人员了解员工的个人需要、事业规划、能力和素质等，同时向员工阐明组织的目标、组织所倡导的价值观、组织的奖酬内容、标准和行为规范等；而员工个人则要把自己的能力和特长、个人的各方面要求和打算恰如其分地表达出来，同时员工要把组织对自己的各方面要求了解清楚。

（2）各自选择行为。通过前一步的双向交流，管理人员将根据员工个人的特长、能力、素质和工作意向给他们安排适当的岗位，提出适当的努力目标和考核办法，采取适当的管理方式并付诸行动；而员工则采取适当的工作态度、适当的行为方式和努力程度开始工作。

（3）阶段性评价。阶段性评价是管理人员对员工已经取得的阶段性成果和工作进展情况进行及时评判，以便管理者和员工双方再做适应性调整。这种阶段性评价要选择适当的评价周期，可根据员工的具体工作任务确定为一周、一个月、一个季度或半年等。

（4）年终评价与奖酬分配。这一步的工作是在年终进行的，员工要配合管理人员对自己的工作成绩进行评价并据此获得组织的奖酬资源。同时，管理者要善于听取员工对自己工作的评价。

（5）比较与再交流。在这一步，员工将对自己从工作过程和任务完成后所获得的奖酬与其他可比的人进行比较，以及与自己的过去相比较，看一看自己从工作中所得到的奖酬是否满意，是否公平。通过比较，员工若觉得满意，将继续留在原组织工作；如不满意，可再与管理人员进行建设性磋商，以达成一致意见。若双方不能达成一致的意见，双方的契约关系将中断。

全过程激励模式突出了信息交流的作用，划分了激励工作的逻辑步骤，可操作性强。

同时在这种激励的方式下，还要适时地引入竞争，竞争也是激励的方式，竞争会让组织及其员工产生危机感，让员工感到危机，感到必须拼搏才能实现自我，稍有懈怠便会被淘汰出局。这样，企业才能保持活力，充满生机。

引入竞争机制，可以打破企业内“吃大锅饭”的状况，企业开始经营的时候，员工也许会凭着一股激情努力工作，但时间一长，他发现无论是干多干少、干好干坏，结果都是一样的，每一个员工都享受同等的待遇，那么他的热情就会减退，而后失望、消沉。通过引入竞争机制，实行奖勤罚懒、赏优罚劣，打破这种看似平等实为压制的利益格局，企业成员的主动性、创造性才会得到充分的发挥，企业才能长期保持活力。

当然也要谨记切勿盲目引入竞争，就像有些地方政府把引进多少人才作为评价工作成绩的标准，迫使人才引进“升温”。有的单位用引进的人才装饰门面，以此来提高自身的含金量或作为申请资金和项目的砝码。专家认为，人力资源的结构总是呈动态的金字塔状，但有些地方往往只感到缺少顶尖人才，出台引进院士、博士的优厚政策，结果却是院士、博士没引来，却走掉了处于金字塔上层的骨干人才和处于中下层具有发展潜力的优秀青年人才。用人单位需要确立正确的人才观念，不一定要引进硕士、博士等高学历人才，那样会造成人才的浪费，而应该按需而取，寻找对自己最适用的人才。

一般的激励，企业都会去做，但是这只是一种表面性的做法，但是全过程激励模式就不一样了，它是一种良性激励方式，是企业进行良性投资的有效途径，有了这种强大的力量做后盾，企业就会有前进的动力。

先学留人再学用人

邓小平曾经指出："事业成败的关键就是能不能发现人才，能不能使用人才。"对于企业而言，人才能够适应企业发展，完成企业目标，为企业带来效益。对人才重视与否在很大程度上决定了企业的前途。专家认为，对于企业的发展而言，企业效力、企业文化和管理者的素质固然重要，但相比之下，人力资源管理却显得更为关键。

人力资源管理，是指为了完成管理工作中涉及人事方面的任务所需要的各种技能，它包括：工作分析、制订人力需求计划、人员招募、培训及开发、薪酬管理、福利管理、绩效评估和沟通等。一般说来，人力资源的发展经历了人事管理、人力资源管理以及现在新兴起的人力资本管理。但不论名称有何不同，其关键都在于企业对待职员的理念的变化发展。

调查表明，那些陷入困境甚至破产的企业，多数都在人力资源管理上存在这样或那样的问题和缺陷。它们大体可做如下分类：

（1）人力资源管理滞后于企业发展。有些企业已经扩大了规模，提高了档次，可人力资源管理的水平还在原地徘徊，甚至停留在"劳资管理"的原始阶段。

（2）激励手段缺乏创新，普遍依赖薪酬作用，而其效力却越来越弱，往往造成员工对于金钱的忠诚大过对于企业的忠诚。

（3）用人机制虽然灵活，却缺乏系统性建设，员工职业发展缺乏规划，对企业的信任度减弱。

（4）急功近利使用人才，却未将人才作为一种资源进行规划，不会开发，或者不愿开发。

“商场如战场。”一个人力资源管理水平低下的企业，可想而知会有怎样的战斗力。一个企业由最初的几个人做起，由小到大，最后发展为拥有几千人的规模。然而，一旦人力资源管理跟不上企业的发展，成为企业管理的瓶颈之后，企业整体运作效率便随之降低，数千名职员逐渐沦为一盘散沙，偌大的企业在经历辉煌之后很快就轰然倒塌，而员工们“树倒猢狲散”，跑个干干净净。这样的例子，在现实当中并不鲜见。加强人力资源管理，对于企业来说，永远是重中之重。

世界著名的运动品牌公司“耐克”，其上海联络处的人力资源经理曾经直截了当地对人们说，当大部分企业都强调招聘目标是“招最合适的人”时，耐克的招聘目标却是“招最优秀的人”，并且要用品牌魅力来吸引住他们。耐克提供的薪酬一般都高于同行业的平均水平，但是耐克更注重为优秀的人才提供优秀的企业文化和工作环境，让他们把有限的精力投入到专做实事、提升自我上来。在耐克，没有太多的留才政策，却自然而然地“锁住”了员工。一直以来，耐克的员工流失率非常低，很多员工在耐克工作长达十几、二十几年之久。耐克的做法与许多企业急功近利，招募人才时追求短期效益，恨不得拿来就能创收的行为形成鲜明对照。

薪酬是企业对员工进行激励的一个重要手段，但是，单纯依赖薪酬，而放弃对人才资源的长远开发，必将造成员工对企业忠诚度的下降。

世界500强之一，法国化妆品牌“欧莱雅”就不仅仅依靠金钱的激励作用。除了优厚的薪资福利、股权认购、年终分红和利润共享的激励策略外，欧莱雅以灵活机动的晋升机制吸引着全球各地的人才，长久地保持着朝气与活力。对于表现优秀的员工，欧莱雅毫无疑问将优先为其提供职位晋升的机会。欧莱雅有着众多的事业部以及各种产品线，当某个职位出现空缺时，欧莱雅会优先考虑公司内部表现突出的人。同时，欧莱雅还为优秀经理人提供赴巴黎总部进行培训的机会。经理人不仅将它看做去学习某项技能，还将它视为一种荣誉。欧莱雅对于人才长久的开发与培养，使得员工对公司有着极高的忠诚度。

那么，对于一个企业来说，又该如何提高人力资源管理的水平呢？专家认为，这需要从以下几个方面着手：

（1）提高对人力资源管理的认识，促进人力资源管理从劳资管理、人事管理向人力资源管理、人力资本管理转变，这是一个观念的根本变革。

（2）建立人力资源管理体系，促进人力资源战略管理与企业战略管理方向相一致。

（3）建立科学的绩效管理制度，有效管理员工绩效，促进企业目标的实现。

（4）对员工职业发展进行统一规划，建立培训体系。

随着经济的高速发展，经营者已经越来越明确这样一种观点：在一切资源中，人力资源是现代管理的核心。在今天，企业要想求得长远发展，就必须采用现代化的科学方法，对人力资源进行有效的协调、控制与管理，实现人力资源的精干和高效，充分发挥人的主观能动性，使人尽其才、人事相宜，培养全面发展的人才，以达到企业的发展目标。

人才经济是现代企业的核心竞争力。要想真正用人，就要真正留人。对于一个企业来说，必须采取科学有效的方法，大力加强人力资源管理，不断提高对人力资源的认识。只有这样，一个企业才能求得更长远的发展。

第三章

市场供求经济学和你想的不一样

供需法则

《晋书·文苑·左思传》中记载：西晋太康年间出了位很有名的文学家左思。在左思小时候，他父亲就一直看不起他，常常对外人说后悔生了这个儿子。等到左思成年后，他父亲还对朋友们说："左思虽然成年了，可是他掌握的知识和道理，还不如我小时候呢。"左思不甘心受到这种鄙视，开始发愤学习。

经过长期准备，他写出了一部《三都赋》，依据事实和历史的发展，把三国时魏都邺城、蜀都成都、吴都建业写入赋中。当时人们都认为其文才超过了汉朝班固写的《两都赋》和张衡写的《两京赋》。一时间，在京城洛阳广为流传，人们啧啧称赞，竞相传抄，一下子使纸昂贵了几倍。原来每刀一千文的纸一下子涨到两千文、三千文，后来竟倾销一空，不少人只好到外地买纸，抄写这篇千古名赋。

为什么会出现"洛阳纸贵"呢？因为在京都洛阳，人们"竞相传抄"《三都赋》，以至对纸的需求越来越大，而纸的供给却跟不上需求，这样一来纸的价格才会不断上涨。这便牵涉了经济学的一个基本概念：供需。

美国著名经济学家萨缪尔森曾经说过："学习经济学是再简单不过的事了，你只需要掌握两件事，一个是供给，一个是需求。"什么是供给和需求？供给指的是生产者在一定时期内在各种可能的价格下愿意而且能够提供出售的该商品的数量。这种供给是指有效供给，必须满足两个条件：生产者有出售的愿望和供应的能力。需求指的是消费者在一定时期内的各种可能的价格下愿意而且能够购买的该商品的数量，指的是消费者想得到某种商品的愿望。需求不是自然和主观的愿望，而是有效的需要，它包括两个条件：消费者有欲望的购买和有能力的购买。

关于供给与需求的关系，人们普遍认为需求决定供给，如人们有穿皮鞋的需求，市场上才会出现皮鞋的生产与销售。不过，供给学派强调经济的供给方面，认为需求会自动适应供给。

一般来说，供需平衡时，市场价格就是正常价格。当供大于求时，市场价格低于正常价格；当供不应求时，市场价格高于正常价格。鲁迅先生在《藤野先生》一文中有这样的句子："大概是物以稀为贵吧。北京的白菜运往浙江，便用红头绳系住菜根，倒挂在水果店头，尊为'胶菜'；福建野生着的芦荟，一到北京就请进温室，且美其名曰'龙舌兰'。"供需不平衡导致白菜在浙江能卖出好价钱，而芦荟在北京也能卖出好价钱。"洛阳纸贵"的故事正说明了供不应求，导致纸的市场价格成倍增长。

在一般情况下，需求与价格的关系成反比，即价格越高，需求量越小；价格下降，需求量上升。价格与需求量之间的这种关系对大部分物品都是适用的，而且，实际上这种关系非常普遍，以至于经济学家称为需求规律：在其他条件相同时，一种物品价格上升，该物品需求量减少。

另外，供需的变化与市场环境的变化也息息相关。例如，当"非典"袭击中国的时候，全国食醋、消毒液、药用口罩的价格都上升了，一些日用品也成了普通消费者的抢购对象，这主要是因为突如其来的"非典"疫情造成了消费者对这些物品的需求剧增。在欧洲，每年夏天当新英格兰地区天气变暖时，加勒比地区饭店房间的价格就会直线下降。当中东爆发战争时，美国的汽油价格上升，而二手凯迪拉克轿车价格下降。这些都表现出供给与需求对市场的作用，而所有的这一切都是通过价格来反映的。

但在少数情况下会出现相反的情形，即价格越高，需求量越大；价格越低，需求量反而越小。这通常是具有象征地位的炫耀性商品，比如钻石、古董等。

在一般情况下，需求与价格的关系成反比，即价格越高，需求量越小；价格下降，需求量上升。因此，商品的供需法则引起商品价格的波动。

完全竞争市场是经营者最不愿面对的局面

读过中学的人都知道牛顿第一定律："一切物体在不受任何外力作用的情况下，总保持匀速直线运动状态或静止状态。"

如果还有些印象，也许能想起这样一个实验：让一个小球从一个斜面上由静止状态滚动下来，并爬上另一个斜面，假设没有摩擦力，它就会上升到原来的高度。如果逐渐减小第二个斜面的倾角，并使它最终成为水平面，小球就会沿着这个平面以均匀的速度一直运动下去。而且在最后，物理老师还会来一笔"画龙点睛"：这是伽利略的理想实验，因为在现实中无法彻底消除摩擦力，所以是无法做到的，但是这种理想实验的方法却非常重要，因为它忽略了次要，抓住了关键。

在经济学中，也有类似物理的"理想实验"。在这里，我们就要提到"完全竞争市场"。严格地说，这种市场是一种"理想市场"，在现实中是不存在的。

完全竞争市场，又称纯粹竞争市场，是指一种购买者和销售者的买卖行为对市场价格没有任何影响的市场结构。它的特点主要有四个：

（1）市场上有无数的买者和卖者。

（2）同一种产品都是同质的，没有差别。

（3）市场资源是完全自由流通的。

（4）所有人都掌握着关于市场的全部信息。

为了便于理解，我们对这四个特征作一些补充说明。既然市场上有大量的需求者和供给者，那么其中任何一个人买与不买，或卖与不卖，都不会对整个商品市场的价格产生影响；既然产品都是一样的，那么对消费者来说，购买任何一家厂商的商品都是一样的；既然信息是非常充分的，那么也就排除了由于信息不畅可能产生的市场同时存在几种价格的情况，价格只能是一种，否则顾客当然会去挑最便宜的商品。

在这样的完全竞争市场里，商品的价格将彻底地由市场供给和需求决定，并且，每一种商品都会在最后形成一种均衡价格，也就是当市场供需相等时的价格。

伽利略的理想实验固然无法完全付诸实施，但还是可以利用小球和木板进行相对的模仿。完全竞争市场也是如此，我们可以在现实中找到和其相似的市场来。比如鸡蛋市场，我们用完全竞争市场的四个特征来进行分析。通过鸡蛋市场，我们可以更形象地理解完全竞争市场——实际上，大多数农产品市场基本上都和完全竞争市场近似。

如果我们去菜市场，你就会发现，我们很多人都要去买鸡蛋，而且卖鸡蛋的商贩也很多，鸡蛋的大小个头没有什么太大的差别，只要不是破的，坏的，没有人会特别在意买什么样的或是买哪家的鸡蛋。至于鸡蛋的信息更是没有谁会刻意地去掌握。在这个鸡蛋市场里，各个摊位的价格都一样，而且是由供需决定的均衡价格。

那么，这里还有个问题，在完全竞争市场或者近似的市场里，因为同质同价，卖方究竟怎样才能赚取更多的利润呢？难道只能靠运气的青睐吗？的确，在这样的市场里，卖方完全受到市场支配，竞争激烈，在产品完全相同的情况下，卖方就不得不在降低成本上大做文章。除此，卖主还要进行价格外的营销竞争，比如要热情周到的服务，把鸡蛋装进盒子便于顾客提携，给鸡蛋贴上商标等，都可以吸引更多的顾客。

通过这样的分析我们就发现，在完全竞争市场下的商家们是处于一种完全由市场去支配的条件下的。为了获得更多的经济利益，一味地由市场支配是不行的，要通过各种途径去改变这种受支配的地位。商家要提高自己的服务水平、采取各种营销手段、提高自己的产品在市场上的竞争力等等方式，来避免这种完全竞争市场的出现，这样才能提高自己在市场上的占有率，从而提高经济收益。

作为一种理想化的理论模型，完全竞争市场给我们提供了一种研究市场的方式，有了这种方式，我们可以更好的理解市场的运营情况，使自己的经营项目不趋向于理想化的程度，打破原有的规律性的模式，这样才能获得更多的利润。

资源总是稀缺的

近年来，中国现当代绘画艺术，尤其是油画，其价格在全球拍卖市场上连创高价，最突出的例子是徐悲鸿的作品：2005 年秋拍，《珍妮小姐画像》在北京保利以 2200 万元成交；2006 年春拍，《愚公移山》在北京翰海以 3300 万元成交；2006 年秋拍，《奴隶与狮》在香港佳士得以 5388 万港元成交；2007 年春拍，《放下你的鞭子》在香港苏富比以 7200 万港元成交。不到两年拍卖纪录涨了两倍，真可谓一季一个价，价格节节高。

为什么徐悲鸿的作品会连续拍得如此天价？其实，这就牵扯到经济学上的稀缺性。

稀缺性，又称稀少性、缺乏，在经济学中特指相对于人类欲望的无限性而言，经济物品或者生产这些物品所需要的资源等的相对有限性。即代表“人类拥有无穷的欲望，但只拥有有限的资源”的意思，而资源的有限性促使了竞争及选择的出现。徐悲鸿在中国现代美术史上是具有领袖地位的艺术家之一，他是中国现代油画的奠基人，他承先启后，发扬了中国美术的传统，解决了如何用中国观点、中国面貌创造中国油画的历史课题。这就使得他的作品极具收藏价值，每个人都想拥有。可徐悲鸿的作品就只有那么多，于是就显得非常稀缺，就会出现竞价拍卖，并拍出了天价。

2004 年，英国球星贝克汉姆在欧洲杯英格兰与葡萄牙的 1/4 决赛的点球大战中把比赛用球踢上了看台，一位球迷捡到了这个球，然后拿到网上拍卖，最终以 28000 多欧元的价格被别人买走，一个小小的足球竟能卖到如此高的价格，要不是贝克汉姆，它也不会一夜成名的。就像这种唯一的，不会再有第二个的，也是一种极其稀缺的资源，物以稀为贵，因此像这样的商品人人都想购买，也就会卖出很高的价格。

资源的稀缺性是经济学的前提之一。稀缺性会对社会、对人们的生活产生巨大的影响，我们必须深刻认识稀缺性。

（1）稀缺性导致了竞争和选择。也就是说，稀缺性促进了社会的发展。因为它为社会提供了发展的动力。假如资源是富足的，那么世界就会大变样了，人们工作不工作都是一样的，不用再为生活上的方方面面去考虑。

（2）资源的稀缺性是有历史条件的。随着时代的发展，稀缺的东西是可以改变的，它有很强的时代感，在以前吃不饱，穿不暖的时代里，粮食、生活用品是稀缺品，可是现在人们感到这些东西都是很充足的，并不缺乏。但是并不是说所有的东西都会越来越多，就像古代的青花瓷，现在又有几个人拥有呢？

（3）资源的稀缺性也是因人而异的。对于一个百万富翁来说，金钱已经不是稀缺的东西了，他想拥有的是更多的时间，来获取更多的金钱。但是对于一个连工作都没有，又急需工资来养家糊口的人来说，他所拥有最多的就是时间了。黄金对于每一个正常人来说都是很珍贵的东西，可是，对一个被困在山洞里的人来说，一个馒头的诱惑会更大。

（4）稀缺资源可以通过交换来实现再分配。从经济学上来说，资源的分配不均必然要通过交换来实现。婚姻就是一个最实际的例子。比如对于一个身材相貌不如意而事业有成的男人来说，先天的条件是无法改变的，对他来说，可能高个子和帅哥脸这辈子都无法实现了，那么他会把希望寄予婚姻，希望他的另一半能够满足他的这些期望，因此，相貌对于他来说是稀缺资源，相比较而言，事业和资本可能不是他很看重的，因为这些对于他来说是富足的。人们总是希望利用自己富足的资源去交换他稀缺的资源。

可见，用经济学中的稀缺性为我们提供了解决生活中一些问题的依据，同时也可以利用稀缺性为我们的生产指明方向。对于社会来说，由于资源是有限的，这种稀缺性一直存在，这就使市场拥有很大的需求。对于企业来说，自己所提供的产品能不能满足市场的需求，同时自己的产品能不能在很多家生产企业的竞争中脱颖而出，才是最关键的。因此使自己的产品在市场上出现稀缺，使供需出现不平衡，大量的需求指向的都是自己的产品，才能使自己处于一种不败之地。

资源总是稀缺的，人们的需求量总是很大的，但是如何利用好稀缺性为自己服务，而不是一味的受制于资源的稀缺，同时让自己的产品具有稀缺性，这样的产品才会有更多的社会需求。

价格由价值决定

郑州有一家名叫保罗国际的理发店，一夜之间成了全国最有名的理发店。不是因为它的手艺高，而是因为它创造了一项惊人的纪录，两个人理发，收费 1.2 万元，平均一个人收费 6000 元。这样的天价是如何出现的呢？

小亚和同学莉莉是郑州市某中专二年级的在校学生。在 2008 年 3 月底的一天，她们一起到郑州市非常繁华的二七广场逛街。当两人逛到二七路的正弘大厦附近时，看到旁边“保罗国际”的橱窗玻璃上贴着“洗剪吹 38 元”的字样，原本就准备理发的她们便走了进去。两人剪完头发，已是下午 6 时许，可是让两个女孩万万没想到的是，结账时，收银员报出了总共 1.2 万元的天价。因为小亚和莉莉拿不出那么多钱，店员就说，只要办理一张该店的会员卡，就可以享受 5 折的优惠折扣，每张会员卡至少要一次性充值 9800 元，剩余的钱将存在卡里。两人当时只有不到 300 元的生活费，无奈之下只好打电话向同学求援。而此时，小亚和莉莉被告知，不凑够钱就不能离开理发店。

直到当晚 10 时 30 分许，通过向 30 多名同学借款，最终凑够了 9800 元。这笔钱送到店里后，小亚和莉莉才得以脱身。

人们往往发现生活中的自己是“差钱”的，尤其是消费者在购买一些产品和服务时，其天价让人们瞠目结舌。而理发作为一种有偿服务，其所定的价格可以有多高？价格制定的依据在哪里？为什么郑州的天价理发事件会引起人们的诧异？

价值规律告诉我们，商品价值是价格的本质，价格只是商品价值的货币表现。价值就是体现在商品里的社会必要劳动，即凝结在商品中的无差别的人类劳动。简单来说，社会必要劳动时间长，则价值大；社会必要劳动时间短，则价值小。社会必要劳动时间一般是指社会生产某种商品的平均时间，如生产一把铁锹的社会平均劳动时间是两个小时，这两个小时就是生产铁锹的社会必要劳动时间，这两个小时的劳动量就是生产铁锹的价值。

而随着社会的发展和技术的进步，劳动生产率不断提高，单位商品所包含的社会必要劳动时间缩短，也就是说，商品的价值不断贬值，商品越来越便宜。

对于价格而言，商品价格由两大因素组成：生产成本和利润。商品的生产成本包括生产商品所消耗的原料、能源、设备折旧以及劳动力费用等；商品的利润，则是劳动者为社会所创造的价值的货币表现。值得指出的是，生产成本应当是生产商品的社会平均成本或行业平均成本，利润应当是平均利润。按照社会平均成本加上平均利润制定的价格，便是商品的市场价格。

价值规律表明，价格围绕价值上下波动，也就是说，价格高于或低于商品价值都是价值规律的表现形式。但是，价格不能过分偏离商品的基本价值。市场经济条件下，绝大多数商品实行市场调节价。因此，一些生产经营者认为自己可以随意确定商品的价格，实际上，他们的定价必须遵循价值规律和相关法律。

在市场经济条件下，“理发”作为一项有偿性服务，其定价必须遵循价值规律的基本原则，即价格不能过分远离价值。“1．2万元”的天价理发无疑偏离了“理发”这项服务的基本价值，这明显是商家的消费欺诈行为。由此，“天价理发”已经不是单纯的商品价格定价过高，而是涉嫌犯罪了。

产品的价格是由市场调节达到均衡的

在人们的印象中，小麦属于“细粮”，玉米属于“粗粮”，小麦的价格一直比玉米贵。可是从2006年以来，“粗粮”玉米的价格却在不断上涨，甚至超过了小麦。到2007年，陕西宝鸡地区的玉米的工业收购价达到1.66元/公斤，而每公斤小麦的市场价格仅为1.44元左右。

人们不禁感到疑惑：经济困难时期让人们吃得难受的玉米，如今怎么又值钱了呢？而且还比小麦贵了？

任何现象的存在都有其内在的原因。价格一直比小麦低的玉米突然值钱了，比小麦贵了，这种价格的变化，说明它们的供求关系发生了变化。这里就有一个均衡价格的问题，那么，什么是均衡价格呢？均衡价格就是指某种商品的需求与供给达到均衡时的价格。如果供需不平衡，则价格就会波动，即需求大于供给，价格就会上升；需求小于供给，价格就会下降。也就是说，市场的供求是围绕均衡价格上下震荡调节的。

通过对均衡价格的理解分析，我们就不会对玉米比小麦贵的现象感到奇怪了。2007年宝鸡市玉米种植面积与往年相比，面积有所减少，所以产量就下降了许多。在风起云涌的农业产业结构调整大潮中，许多乡镇和粮农压缩了玉米的种植面积，改种了如苹果、西瓜等收益高、见效快的经济型作物，导致了玉米总体产量的下降。尽管科技不断发展，玉米单产有了一定的提高，但是由于面积小了，全市玉米年产量不但没有明显增长，而且有些年份还比过去少一些。

虽然产量减少了，但现实中需求量却在不断上升。第一，猪肉价格的疯涨调动了广大养殖户的养猪积极性，养殖业使玉米饲料消费量大增。第二，随着技术的创新，玉米在现代人的眼中已不再是用来填饱肚子的主食了，通过工业深加工可以制造出多种产品，如玉米淀粉、玉米油、玉米蛋白和燃料乙醇等。这使得工业对玉米的需求增长强劲。这样一来，玉米的供给严重小于需求，导致价格失去了平衡，这时价格必然要大幅上涨，以达到平衡。

而小麦的功用比较单一，需求没有太大的变化，且产量稳定，供需基本平衡，价格也就不会上升。这样一来，玉米价格比小麦价格高也就不足为奇了。

关于均衡价格，我们还可以球赛门票为例进行说明。

假设某体育场邀请了两支著名的球队进行一场商业足球表演赛。如果主办方将球赛的门票价格定得很高，并找很大的场地或增加球赛的场次，以容纳更多入场观众，就可以获取更多的门票收入。因此，对主办方来说，票价越高，观众人数（供给量）越多，价格与供给量呈现正向变动的关系。另一方面，以球迷对门票的需求而言，票价越低，当然购买的意愿（需求量）就会提高，价格与需求量呈现反方向变动的关系。但是球迷要求的票价过低，主办方会因收入太低甚至亏损而不愿意举办这场球赛；相对地，如果主办方票价定得过高，大多数的球迷会不愿意购买，主办方的收入反而有限，因此，球迷为了满足看球赛的需求，主办方也为了吸引更多球迷来买票，在需求及供给之间必须找出一个双方都能接受的价格与数量，因而形成了球队门票的均衡价格（这里假设均衡价格是300元）。

如果足球赛的票价比均衡价格更贵或更便宜，结果会如何呢？假设票价降为200元，此时因为价格偏低，消费者需求的数量远超过主办方提供的数量，形成供不应求的现象，因而造成价格的上涨。这时没买到票的人为了一睹偶像风采，不得不花高于200元的价钱去买黄牛票。直到消费者因价格提高使需求量逐渐减少，或者主办方为了满足原先买不到票的观众而增加门票供给量，使得最后仍会趋向均衡价格。

反之，当票价定为400元的高价，会使比赛的场地出现大量空位，由于供过于求，主办方不得不降价出售，或以打折、赠送球队纪念品的方式来吸引观众，避免“存货累积”。观众也因为感觉门票变便宜了而增加需求量，如此调整使供需间的差额逐步缩小，趋向最后的均衡价格。

总之，市场均衡价格的形成，取决于供需双方。均衡是市场的必然趋势，也是市场的正常状态。而脱离均衡点的价格必然形成供过于求或供不应求的失衡状态。由于市场中供求双方竞争力量的作用，存在着自我调节的机制，失衡将趋于均衡。

均衡价格的存在是经济活动中的必然性。对于一个生产企业来说，就要想方设法地去提高自己的产品在市场的需求量，需求量大了，均衡价格自然就高了，经济效益也得以提高了。

寡头垄断：这儿，我们说了算

“朕”、“寡人”、“孤家”这几个词，大家应该不会陌生。它们让人立刻想到中国古代的皇帝，他们不开口则已，一开口就以“朕”、“寡人”自称。可以说，这几个词意味着强大的权力。现在没有皇帝，也没有人以“寡人”自居了，但是在市场领域，却还存在着“寡头”一说。虽然它指的不是皇帝，却与之有着相似的地方，即有着强大的“说了算”的力量——经济力量。这就是我们将要提到的寡头市场。

寡头市场，也称寡头垄断，是指某种商品的生产和销售由少数几家大企业所控制的市场，其特点是在该行业中厂商数量少并且相互影响，而商品的价格比较稳定，厂商们进出这个行业都不容易——在这里补充一句，实际上，像这样的大企业几乎就相当于该市场中的皇帝，起码，也是诸侯。

当今世界上存在着一个规模极为庞大的寡头市场——民用飞机市场，在这个市场里有两个寡头：美国“波音”公司和欧洲“空中客车”公司。在全世界的天空里纵横穿梭的客机基本上都产自这两家公司，中国概莫能外，民用飞机市场亦被“波音”、“空客”两个寡头共同垄断。到现在，民机市场已经成为全球垄断程度最高的行业之一。统计数据表明，在这一市场，特别是干线飞机领域，波音公司和空客公司已经把世界市场完全瓜分完了。飞机价格极其高昂而又不可或缺，可以想象，在这一领域，占据垄断地位的波音和空客两大飞机制造商会获得多么丰厚的利益。

读者也许会问，其他的飞机制造公司为何不能进入这一市场呢？难道波音和空客真的就像皇帝一样专制，不许别人进来分一杯羹吗？两者当然没有权力禁止其他公司（包括本国或者外国）进入民用飞机市场，但是，他们却可以利用自己的强大实力，在这一市场上打压其他的公司，从而确保自己的霸主地位，成为实际上“说了算”的“飞机皇帝”。而这，又要从寡头市场的行业特点说起。

在商业领域当中，寡头垄断常见于重工业部门，比如汽车、钢铁、造船、石化，以及我们正在谈论的飞机制造等部门。这些行业的突出特点就是“两大一高”——大规模投入、大规模生产、高科技支撑。这些苛刻的条件使得一般的厂商根本难以进入，再有钱的老板在这些行业门口一站，马上就会发现自己做的只不过是“小本生意”。而且，那些已经历长期发展（动辄几十、上百年）、具备垄断地位的“巨无霸”企业，为了保持对技术的垄断和丰厚的利益，也势必要采取种种高压手段打击竞争对手。绝不允许任何后来者与自己分享这一市场。这是现实，也是一种市场竞争的必然。

在民用飞机市场里，一直以来，波音、空客把精力投注在干线飞机市场，而不太关注支线飞机市场。加拿大庞巴迪宇航公司则活跃在支线领域，并占据了20～92座支线飞机市场的41%的份额。随着羽翼渐丰，庞巴迪有意寻觅更广阔的天空。由于不甘心干线市场被“双寡头”垄断，庞巴迪决定研发110座和130座的C系列民用飞机，为此投入了大量人力物力，并使用了大量类似于波音和空客的干线飞机技术。卧榻之侧，岂容他人安睡，一贯是竞争对手的波音和空客马上联合起来予以强烈反击，依仗富可敌国的财力，对相关企业抛出种种合作策略（实际上就是“恩威并施”），以至于在两大“寡头”的影响下，出于对利益的考虑，全球没有一家发动机制造商和航空公司敢于拿出实质行动支持庞巴迪的研发计划，既没人向其出售发动机，也没有人敢向其订购大飞机。最后，庞巴迪公司不得不放弃了已成“空中楼阁”的宏伟计划。实际上，日本、荷兰、俄罗斯、印尼甚至还有中国的民机制造业都或多或少受到过波音和空客的压制。两大寡头可以允许外来者进入狭小的支线飞机市场，但在大飞机市场里，是绝不容许外来者进入的。不过，尽管如此，仍然有许多企业盯着这一市场，并为进入该领域进行着不懈的工作，例如，2008 年，我国在上海成立了中国商用飞机有限责任公司，开始了大型飞机的研制与开发，以求在寡头市场上分得一杯羹。

“冰冻三尺，非一日之寒”，形成这种寡头市场是需要很长时间和许多特定因素的，寡头企业的投入是很大的，不仅仅有资金的投入，同时也包括人力资源的投入，大规模的生产技术的运用，这些投入使寡头企业的成本变得巨大，但是由于寡头企业的产品价格远远高于其实际价格，同时市场上的需求一直都很稳定，不会出现供过于求的情况，因此，寡头企业有很大的利润空间。

大投入、高科技、大生产，它们共同造成了寡头市场的高门槛。因此，要联系社会各个部门，造就这样的企业，使自己也能跻身这种寡头市场，从中获取更多的利益。

供需弹性让社会经济保持着平衡

OPEC——简称“欧佩克”，是1960年9月由石油输出国成立的石油输出国组织，其宗旨在于通过消除有害的、不必要的价格波动，确保国际石油市场上石油价格的稳定，保证各成员国在任何情况下都能获得稳定的石油收入，并为石油消费国提供足够、经济、长期的石油供应。其目标是协调和统一各成员国的石油政策，并确定以最适宜的手段来维护它们各自和共同的利益。但是，从20世纪70年代到20世纪末石油的总体价格并没有由OPEC来控制。

在过去的几十年间，对世界经济最具有破坏性的许多事件都源于石油市场。在20世纪70年代，石油输出国组织（OPEC）的成员国决定提高世界石油价格，以增加他们的收入。这些国家通过共同减少它们提供的石油产量而实现了这个目标。从1973年到1974年，石油价格在原有的基础上上涨了50%以上。几年之后，它们又故伎重施，从1979年到1981年，石油价格几乎翻了一番。

但是OPEC发现要维持高价格是很困难的。从1982年到1985年，石油的价格一直以每年10%的速度逐步下降。不满与混乱很快蔓延到OPEC各国。1986年，OPEC成员国之间的合作完全破裂了，石油价格猛跌了45%。1990年，石油价格又回到1970年的水平，并且在20世纪90年代的大部分时间内保持着这一水平。（我们要区分在21世纪的前十年时间中，石油价格有一次快速增长，但是主要的推动力不是OPEC的供给限制形成的，而是世界需求的增加造成的，这种需求部分来自巨大且迅速增长的第三世界经济。尤其以我国为代表的大型经济体迅速增长。）

20世纪70年代和80年代OPEC的这个事件表明市场的供给和需求在短时间与长时间的状况是不同的，供给与需求在短时间内缺乏弹性，而在长时间内就富有弹性。在短时间内，石油的供给和需求都是较为缺乏弹性的。供给缺乏弹性是因为已知的石油贮藏量和石油开采能力不能迅速改变，需求缺乏弹性是购买习惯不会立即对价格作出反应。这就导致了市场上的石油供给与需求之间突然失衡。

而长期的情况就不同了，在长时间内，OPEC以外的石油生产者对高价格时的反应是加强石油勘探并建立新的开采能力，以增加出口。消费者反应为更节俭，例如少开私家车，多乘坐公共交通工具出行，用新型节油汽车来代替老式耗油的汽车等。因此，长期供给更富有弹性。

这种分析说明了为什么OPEC只在短期内成功保持了石油的高价格，而时间长了以后价格就回落了。当OPEC各国成员一致同意减少它们的石油产量时，它们的供给量减少了，短期内价格上涨的速度很快，于是OPEC成员国的收入增加了，于此相反的是在长期中，当供给和需求较为富有弹性时，供给同样幅度的减少只是引起了价格小幅度的变化。因此，OPEC的共同减少供给在长期中无利可图。

其实，这样的事并不少见，近几年发生的粮食危机，也说明了这一点。2008年，凶猛的粮食危机席卷了全球，一些国家出现了大面积的粮食缺口，造成了全球性的大饥荒，而到了2010年，粮食问题不再主导世界了。短时间内，粮食的供给产生了严重的不平衡，使供给和需求都失去了弹性，产生了粮食危机。而时间长了以后，粮食的生产国加大了粮食的生产力度，提高了粮食的产量，从而增加了粮食的出口，这种矛盾就缓慢地解决了。

在市场经济时代，在没有完全垄断市场的情况下，想通过这种减少供给的方式去谋取利益，是不能够增加效益的，由于供给和需求是有弹性的，经过长时间的市场消化之后，总能达到一种平衡状态。因此，想要获取更多的利润，就要从选择适宜的经营方式上入手，采用这种破坏市场的行为，不是长久之计。

节约的悖论

2003年，陕西的一位先生请朋友吃饭，花了36万元，这个事情随即成为很多人讨论的热门话题。有不少人认为，这样做太过分了，吃一顿饭花这么多钱，太不像话了，但也有人有不同的看法。

首先，这位先生通过请客吃饭，与他的朋友建立了良好的关系，在他的朋友面前挣足了面子，说不定他们以后就会互相帮助，使他们的生意做得更大，因此，他觉得没有吃亏，他的所得大于他的付出。

其次，对饭店的老板来说，这样一顿饭的利润可以抵得上几天，甚至十几天的流水了，肯定赚得不少，怎么会不高兴呢，开饭店就是为了挣钱呀，他肯定想天天都有这样的客人那有多好啊。不仅收入高，饭店的名声也能随之鹊起了。

然后就是员工了，老板高兴了，饭店的员工也会高兴起来的，说不定这个月的奖金会很高，或者这些有钱的客人一高兴再给点小费，反正自己不会吃亏的。

接着就是税务部门了，你卖得越多，税款就会越高，税务部门高兴了，因为这给国家创造了财富。

最后就是这些与饭店有关系的经销商了，这样一顿几十万的酒宴，用的材料肯定都是上好的，什么燕窝、鲍鱼、鱼翅之类，喝的那都是好酒，比如茅台、五粮液等，可能还有皇家礼炮呢，卖这些东西的经销商们，一下子卖出去这么多，赚了钱，肯定也是合不拢嘴的。

看来在这件事情上，这位先生不仅没有伤害任何人，反而还帮助了别人，增加了与此事有关人的收益。这就出现了一种节约与消费之间的矛盾。在经济学上叫“节约悖论”。

“节约悖论”是凯恩斯最早提出的一种理论，根据凯恩斯主义的国民收入决定理论，消费的变动会引起国民收入同方向变动，储蓄的变动会引起国民收入反方向变动。但根据储蓄变动引起国民收入反方向变动的理论，增加储蓄会减少国民收入，使经济衰退，是恶的；而减少储蓄会增加国民收入，使经济繁荣，是好的。

1936 年凯恩斯在《就业、利息和货币通论》中提出了著名的节约悖论，他引用了一则古老的寓言：有一窝蜜蜂原本十分繁荣兴隆，每只蜜蜂都整天大吃大喝。后来一个哲人教导它们说，不能如此挥霍浪费，应该厉行节约。蜜蜂们听了哲人的话，觉得很有道理，于是迅速贯彻落实，个个争当节约模范。但结果出乎预料，整个蜂群从此迅速衰败下去，一蹶不振了。

蜜蜂的故事说的就是典型的“节俭悖论”。在西方经济学史上，节俭悖论曾经使许多经济学家倍感困惑，但经济学家凯恩斯从故事中却看到了刺激消费对经济发展的积极作用。

众所周知，节俭是一种美德，既然是美德，为什么还会产生这个悖论呢？从理论上讲，节俭是个人积累财富最常用的方式。以个体而言，如果某个家庭勤俭持家，减少浪费，增加储蓄，往往可以致富。然而，凯恩斯却认为，节俭对于经济增长并没有什么好处。实际上，这里蕴涵着一个矛盾：公众节俭，降低消费，增加储蓄，往往会导致社会收入的减少。

因为人们的收入通常有两种用途：消费和储蓄，而消费与储蓄呈反方向变动，即消费增加储蓄就会减少，消费减少储蓄就会增加。所以，储蓄与国民收入呈现反方向变动，储蓄增加国民收入就减少，储蓄减少国民收入就增加。根据这种看法，增加消费减少储蓄会通过增加总需求而引起国民收入增加，就会促进经济繁荣；反之，就会导致经济萧条。由此可以得出一个蕴涵逻辑矛盾的推论：节制消费增加储蓄会增加个人财富，对个人是件好事，但由于会减少国民收入引起萧条，对国民经济却是件坏事。经济大萧条时期的景象就是节约悖论的一个生动而可叹的例子。由于人们对未来预期不抱任何希望，所以大家都尽量多储蓄。但是，他们不愿意消费的心理和行为又导致其收入继续下降。

换一个角度解释节俭悖论：节俭减少了支出，迫使厂家削减产量，解雇工人，工人减少了收入，最终减少了消费。凯恩斯曾形象地说，如果你们储蓄五先令，将会使一个人失业一天。按照他的观点，在资源没有得到充分运用、经济没有达到潜在产出的情况下，只有每个人都尽可能多地消费，整个经济才能走出低谷，迈向更加充分就业、经济繁荣的阶段。凯恩斯的解释后来发展成为凯恩斯定理，即需求会创造自己的供给，一个国家在一定条件下，可以通过刺激消费、拉动总需求来达到促进经济发展和提高国民收入的目的。

任何经济理论都是以一定的条件为前提的。凯恩斯针对 20 世纪 30 年代世界性的经济大危机，提出了有效需求不足的理论。他认为，只有增加有效需求，即居民增加消费，减少储蓄，才可以使得国民经济恢复增长。在这种情况下，节俭悖论还是有道理的。

我国经济发展的一个突出特点就是储蓄率过高而消费率过低。因此，正确理解节俭悖论，有助于提高我们对高储蓄可能带来的不良后果的认识。居民消费需求不足，造成大量商品生产过剩，企业开工不足，失业人员增加，经济增长受到影响。在国际金融危机的背景下，为了刺激消费扩大内需，国家采取了积极的财政政策，扩大低保范围和提高低保标准，采取一系列措施鼓励大家消费，这些措施都是以扩大国民消费带动经济发展。

明白节约悖论的内涵对于我们这样一个崇尚节俭的国家具有积极的意义，我们应该根据自身的收入水平适当消费，而不是一味地去节俭，这样对自身、对社会都具有积极作用。其实国家也是在不断进行调控，目的就是要拉动内需，这样才能增加社会财富。但是，节约悖论并不是要求我们选择一种奢侈的生活方式，我国是一个人口众多的国家，自然资源尤其是能源非常紧缺，这极有可能成为制约我国未来经济发展的重要因素。

节约的悖论是根据凯恩斯定理的国民收入决定理论推导出来的结论，它在资源没有得到充分利用的情况下是存在的，是短期的。长期或当资源得到充分利用时，节约的悖论是不存在的。短期内人们不断地储蓄，使消费不断地减少，会产生节约悖论。但是在长期中就不会出现这种状态了，人们的储蓄都是为了将来有一天在最需要的时候花出去，这时候就使资源得到了充分运用，比如投资实业、期货市场、购买房产之类的家庭消费，等等，这些都是将储蓄的资源进行利用，促进了消费，这样看就不存在节约悖论了。

节约悖论强调消费，提供社会需求，而不是大家习惯性地将钱存入银行，因为这样大家才能找到工作，社会才能发展。但是不主张无节制地消费，这样反而会造成资源的浪费。

第四章

消费经济学和你想的不一样

消费者剩余

有一天，李先生到一个做服装生意的朋友的店里去聊天。只见一个顾客看好了一套服装，服装的标价是600元。顾客说："你便宜点吧，400元我就买！"朋友说："你太狠了吧，再加80元！而且也图个吉利！"顾客说："不行，就400元！"随后，他们又进行了一番讨价还价，最终朋友说："好吧，就420元！"于是顾客去交款了，但是不一会儿又回来了，她有些不好意思地说："算了，我不能买了，我带的钱不够了！"朋友又说："有多少?"顾客说："把零钱全算上也就只有330元了。"朋友难为情地说："那太少了，哪怕给我凑一个整数呢?"顾客说："不是我不想买，的确是钱不够了！"最后，朋友似乎下了狠心，说："就330元钱给你吧，算是给我开张了，说实在的，一分钱没有挣你的！"顾客满脸堆笑，兴高采烈地走了。

看着顾客远去的背影，朋友告诉李先生："这件衣服是150元从广州进的货。"李先生听了哈哈大笑："真是无商不奸啊，可是你有些太狠了吧?"

朋友说："这你就是外行了，现在都时兴讲价，顾客讨价，我还价这很正常，你要给顾客留出讨价还价的空间，要让顾客在心理上获得一种满足。

李先生的朋友是一个精明的生意人。他懂得通过讨价还价让顾客心理上获得一种满足。而这种"心理上的满足"在经济学中就叫"消费者剩余"。概括地说，消费者在购买某种商品时，他所愿意支付的价格与实际支付的价格之间的差额被称为“消费者剩余”。在这个事例中，顾客获得的“消费者剩余”为90元（420元－330元）。

人们希望以一个期望的价格购买某商品，如果人们在消费时实际花费的金钱比预期的花费要低，人们就会从购物中获得乐趣，仿佛无形中他获得了一笔意外的财富，因为购买商品的实际支出低于预期支出；相反，如果商品的价格高于他的预期价格，他就会放弃购买行为，当然，他因此也会获得一种满足，他会想，我虽然没有得到某商品，但是我也没有失去我的金钱。但是很显然，他的第一种满足要大于第二种满足。

由此我们可以看出，商家为什么会大力让价促销，会打9折、打8折，甚至打4折、打3折了。他们无非是让顾客在心理上获得一点满足而已，让顾客在心理上觉得自己占了便宜。消费者剩余不会给顾客带来实际的收益。

有很多时候，我们会发现一种非常奇怪的现象，你在高档的精品屋里打7折、8折，花上千元买来的商品，在一般的商场里同样的商品的价格却只有二三百元。因为你被打折的手法诱惑了，你只获得了过多的消费者剩余，但是你却付出了自己的真金白银。

做生意的人会利用提高顾客的消费者剩余促成交易。而对于消费者来说，则可以利用消费者剩余理论进行杀价。

当你在商场看上了一款很有诱惑力的商品，并且你对它的喜爱还溢于言表。卖家一看就知道你对这件商品有很大的兴趣，这时他会考虑以较高的价格卖给你。其实，你对这件商品的较强的购买欲望，表明你愿意支付更高的价格，从而就会产生更多的消费者剩余。所以，当你询问价格的时候，他会故意提高价格，由于你的消费者剩余较多，或许你对这个价格还挺满意，你就会毫不犹豫把商品买了下来。结果，你的消费者剩余转化为卖家的利润。

对于买家来说，我们在选购商品的时候，要学会维护自己的利益，在想买下某件商品的时候，不要表现出对这件商品强烈的购买欲，不妨表现出无所谓的态度，甚至表现出对该商品的“不满”，这样，商家以为你不太想买，就不敢提高价格。

商家想方设法把消费者剩余转化为利润的例子在日常生活中比比皆是，即使是大公司也不例外。例如，在我国，奶粉这种产品一直是低价销售，每袋奶粉的价格在10元钱上下。改革开放以后，外国生产商大量进入中国，它们也运用消费者剩余的概念寻觅发大财的机会。一些国外奶粉生产商了解到中国奶粉的价格低，但是有一部分中国母亲生下孩子后，由于缺乏母乳，她们对适合婴儿食用的高质量奶粉的需求十分迫切。于是，这些外国公司研制出添加各种营养成分的较高质量的奶粉，使用更为漂亮、防潮的包装方式，以每袋80元至100元的价格销售。年轻的中国母亲为了婴儿的健康成长，她们愿意花较多的钱去买质量较好的婴儿奶粉。这样，中国母亲在购买婴儿奶粉时的消费者剩余就转移到了外国生产商的口袋里。外国生产商利用消费者剩余的概念确实发了一笔大财。

炫耀性消费必须降降温

法国皇帝拿破仑三世是一个喜欢炫耀的人，他常常大摆宴席，宴请天下宾客。每次宴会的餐具几乎全是银制的，唯有他自己用的那一个碗是铝制品。为什么贵为法国皇帝，却不用高贵而亮丽的银碗，而用色泽要暗得多的铝碗呢？原来，在差不多200年前的拿破仑时代，冶炼和使用金银已经有很长的历史，宫廷中的银器比比皆是。可是，在那个时候，人们才刚刚懂得如何从铝矾土中炼出铝来，冶炼铝的技术还非常落后，炼铝十分困难。所以，当时铝是非常稀罕的东西，不要说平民百姓用不起，就是大臣贵族也用不上。拿破仑让客人们用银餐具，偏偏自己用铝碗，就是为了显示自己的高贵和尊严。

这事要拿到现在，一定十分可笑，因为在今天，铝不仅比银便宜得多，而且光泽和性能都远远比不上银。铝之所以变得便宜，是因为后来人们发明了电解铝的技术，可以大量生产铝。铝已经非常普遍，谁还会像当年的拿破仑三世那样拿它来炫耀呢？

经济学家把消费这种极为昂贵的产品或服务的行为称为炫耀性消费。其含义在于这种消费行为的目的不在于其实用价值，而在于炫耀自己的身份。此外，消费心理学研究也表明，商品的价格具有很好的排他作用，能够很好地显示出个人收入水平。利用收入优势，通过高价消费这种方式，高层次者常常能够有效地把自己与低层次者分开。

炫耀性消费是一种重要的社会经济现象，这个概念最早由凡勃伦于1899年出版的《有闲阶级论——关于制度的经济研究》一书中提出来。凡勃伦认为商品可分为两大类：非炫耀性商品和炫耀性商品。其中，非炫耀性商品只能给消费者带来物质效用，炫耀性商品则会给消费者带来虚荣效用。所谓虚荣效用，是指通过消费某种特殊的商品而受到其他人尊敬所带来的满足感。他认为，富裕的人常常消费一些炫耀性商品来显示其拥有较多的财富或者较高的社会地位。

如今，年轻的“80后”富家子弟们正逐渐走向公众的视野，与他们的父辈筚路蓝缕的艰苦创业不同，他们一出生便继承了万贯家产，正成为社会的一代新贵。他们中的一些人大手大脚的消费更为社会所诟病，“二世祖”便是人们送给这些人的“雅号”。名车豪宅，香槟美酒、名牌时装、饰物等奢侈品成为“富二代”们追求的对象，其实归根到底是其“炫富”心理在作怪。

这种炫富心理在普通人的日常生活中也很常见。很多时候，人们买一样东西，看中的并不完全是它的使用价值，而是希望通过这样的东西显示自己的财富、地位或者其他。在成熟的市场经济中，消费者的行为是理性的，进行炫耀性消费的都是企业家、演艺界大腕、社会名流等。但是在我国，炫耀性消费增长的速度远远快于经济增长的速度。

有人总结中国富人和欧美富人的奢侈品消费最大的区别在于：在中国被购买的奢侈品主要是服装、首饰、手表、皮具等个人生活用品，非常表象化；而在欧美地区，最被看重的奢侈品主要是汽车、游艇和豪宅，此外还有艺术品的收藏。中国消费者并不看重奢侈品的品牌文化与内涵，而是在用价格标签来区分什么是奢侈品。集体购买及跟风购买也是中国富人的特色——20多位温州商人花费1.3亿元人民币，团购了22架私人飞机；山西煤炭老板看车团一次集体买进20辆悍马。

不正常的炫耀性消费所带来的损害是巨大的。当人们看重自己的财富地位、权贵身份时，就要尽其所能地炫耀和攀比，把人生的目标和意义定位在不断满足日益升级的炫耀需求上。在很多腐败案例中，一些高官为显示自己的地位和权势，大肆进行炫耀性消费，并为满足欲望而放弃原则和法律，进行权钱交易，贪污受贿直至腐化堕落。

此外，炫耀性消费会导致资源浪费。投入大量的资本和消耗大量的资源生产炫耀性商品，为了摆阔一掷千金、大肆挥霍，这种非理性的消费浪费了本可以节省的资源和财物。我国资源状况已经制约了经济发展，满足社会生产和人们生活基本需要的资源都难以保证，而炫耀性消费对资源特别是稀缺资源的耗费，则直接影响到创建节约型社会和实施可持续发展战略。

炫耀性消费不仅使大量的奢侈品生产耗资巨大，而且这些消费者又以惊人的铺张浪费将奢侈品化为废弃物。享受不了的人有条件挥霍，需要的人又没条件满足。浪费的财富只是满足了富有者的虚荣心，这无异于实际财富的低增长和社会整体福利的下降。

因此炫耀性消费必须降降温了。

冲动型消费是一种感性行为

《东南快报》在2009年初曾刊载过一则关于女性购物“生理期”的新闻。

英国心理学家研究发现，女性在月经周期最后10天左右更易产生购物冲动。女性所处月经周期越靠后，她们超支的可能性越大，在花钱方面更不节制、更冲动、超支金额更多。

“当我产生了购物冲动时，如果不买东西，我就感觉焦虑，如同不能呼吸一般。这听起来荒唐，但这事每个月都在发生。”一位参与这项科学研究的女性这样说。

科学家认为，女性月经周期中体内荷尔蒙的变化容易引起不良情绪，如抑郁、压力感和生气。她们感到非常有压力或沮丧，容易选择购物这一方式，让自己高兴并调节情绪。对许多女性而言，购物成为一种“情感上的习惯”。她们不是因为需要而购买商品，而是享受购物所带来的兴奋感。

研究同时发现，不少女性会为冲动购物而感到懊恼。以大学生塞利娜·哈尔为例，她平素习惯穿平跟鞋，但一时兴起想买高跟鞋，于是一口气买下好几款颜色不同的高跟鞋。然而，没隔多久，她就不喜欢这些新鞋了，不愿再穿。

科学家说，如果女性担心自己的盲目购物行为，她们应该避免在月经周期后期购物。她们应考虑干点别的，而不是周末去逛街购物。

当你在商场中看到一些比较便宜，或者很讨你喜欢的东西，这些东西可能是你经常看到但从来没有使用过的。你猛然间觉得自己好像很需要它，于是将其买下。但是事后却发现自己根本不需要它，或者它的作用很小。其实，这就是典型的冲动型消费。

冲动型消费是指在某种急切的购买心理的支配下，仅凭直观感觉与情绪就决定购买商品。在冲动型消费者身上，个人消费的情感因素超出认知与意志因素的制约，容易接受商品（特别是时尚潮流商品）的外观和广告宣传的影响。

而女性无疑是冲动型消费的主力军。日本一个专门研究消费者形态的机构有一个统计，女性冲动性购买的比率为34．9%。换句话说，每三个女性消费者里面，就有一个是冲动型购买者。女性的非理性消费彻底颠覆了经济学家所能预测的消费模式，你常常会看到这样的现象，她们在进入超市之前制订了周密的购物计划，但在购物的时候却买回不少自己喜欢却并不实用、甚至根本还用不上的商品。

有人说，女人的钱是最好赚的。一个女人可以在冲动之下专程打“飞的”去扫荡名牌，也可以一时兴起买下上万的、穿不上几次的衣服。经济学家说，女人们的这种消费轨迹无法琢磨，因为没有一丝规律可循。

所以，琢磨女人的消费动态，就成了难以完成的任务，她们消费的理由林林总总，总是不乏借口。但困扰着经济学家们的是女性为什么倾向于非理性消费?

女性容易受到情绪因素的影响，因此女性中最常见的就是情绪化消费。据统计有50%以上的女性在发了工资后会增加逛街的次数，40%以上的女性在极端情绪下（心情不好或者心情非常好的情况）增加逛街次数。可见，购物消费是女性缓解压力、平衡情绪的方法，不论花了多少钱，只要能调整好心情，80%左右的女人都认为值得。这也可以佐证上文中科学家们的研究成果。

当然冲动型消费还容易受到人为因素的影响。当消费者光顾的门店在进行商品促销的时候，可能消费者处于可买可不买的边缘，但促销折扣往往能够引起消费者的冲动购物。

事实上，具有冲动消费的不仅仅是女性，其实我们每个人都有冲动消费的倾向。因此，冲动消费涵盖了各类人群，其中新婚夫妇最易冲动购物。因为这一部分消费者往往更没有消费计划，冲动消费行为较多。在消费者最容易冲动购物的商品类别上，男性和女性是有区别的，男性一般青睐高技术、新发明的产品，而女性在服装鞋帽上很难克制自己的购物欲望。

同时，冲动型消费还有几个不同的类型：

（1）纯冲动型。顾客事先完全无购买愿望，没有经过正常的消费决策过程，临时决定购买。购买时完全背离对商品和商标的正常选择，是一种突发性的行为，出于心理反应或情感冲动而“一时兴起”或“心血来潮”，或是“图新奇”、“求变化”。

（2）刺激冲动型。顾客在购物现场见到某种产品或某些广告宣传、营业推广，提示或激起顾客尚未满足的消费需求，从而引起消费欲望决定购买，是购物现场刺激的结果。

（3）计划冲动型。顾客具有某种购买需求，但没有确定购买地点和时间。如得知某超市要让利销售，专门到该超市购物，但没有具体的购物清单，因而买“便宜货”是有计划的，买何种“便宜货”则是冲动的。

冲动型消费其实是一种感性消费，而作为经济人的我们，应该能控制随兴而起的“购物冲动”，做到有计划、有目标的购物，只有这样才能尽量减少自己的购物“后悔感”，做一名真正的理性消费者！

交易成本决定你的购物方式

《韩非子》里有一则“郑人买履”的故事。

有个郑国人，想要到集市上去买鞋子。早上在家里量了自己的脚，把量好的尺码放在了自己的座位上。当他到了集市准备买鞋的时候，才想起自己忘了带尺码，于是对卖鞋子的人说：“我忘记带量好的尺码了。”于是就返回家去取量好的尺码。等到他再返回集市的时候，集市已经散了，最终没有买到鞋。有人问他说：“你为什么不用你的脚试鞋呢?”他说：“宁可相信量好的尺码，也不相信自己的脚。”

“郑人买履”这则寓言意在讽刺那些固执己见、死守教条、不知变通、不懂得根据客观实际采取灵活对策的人。单从郑人买鞋的结果来看，他在集市与家之间往返两趟，浪费了大量的时间和精力，最终还是没有买到鞋子。用经济学的话来说，他的交易成本实在是太高了。

交易成本又称交易费用，最早由美国经济学家罗纳德·科斯提出。他在《企业的性质》一文中认为交易成本是通过价格机制组织产生的，最明显的成本就是所有发现相对价格的成本，市场上发生的每一笔交易的谈判和签约费用，以及利用价格机制存在的其他方面的成本。

学术界一般认为交易费用分为广义交易费用和狭义交易费用两种。广义交易费用即为了冲破一切阻碍，达成交易所需要的有形及无形的成本。狭义交易费用是指市场交易费用，即外生交易费用。包括搜索费用、谈判费用以及履约费用。

总体而言，可将交易成本区分为以下几项：

（1）在琳琅满目的商品种类中寻找到自己所需要的商品信息与交易对象，必定要付出一定的时间或精力，这就是搜寻成本。

（2）取得交易对象信息和与交易对象进行信息交换所需的成本，这就是信息成本。

（3）议价成本，即针对契约、价格、品质讨价还价的成本。在讨价还价中，所耽误的时间应计算在内，当然还有双方调整适应不良的谈判成本。

（4）决策成本，即进行相关决策与签订契约所需的内部成本。

（5）交易发生后，违约时也要付出一定的成本。

在生活中，我们每个人为了实现自己的交易行为，都要以不同的形式支付交易成本。如果你是一个烟民，明明知道楼下小商店香烟的价钱比商场里要贵 5 毛钱，但你还是在楼下小商店里买。虽然我们可能根本没有注意到交易成本的概念，但是这个行为本身已经包含了交易成本。我们简单来分析一下：在楼下小商店里买香烟，虽然贵 5 毛钱，但你只需要下楼就能买到香烟。倘若去商场，你要乘车，或要多走很长时间的路，其中所消耗的时间是你并不愿意支付的。多花 5 毛钱，为自己节省了时间和精力，对于绝大多数人来说是很合算的。也就是说，楼下小商店在定价的时候，已经将你的交易成本算进去了。

交易成本是人与人之间在进行商品交易时所必需的成本。对于不同的人来说，其自身的交易成本是不同的。在菜市场上可以看到不少老太太与小商贩为几毛钱而讨价还价。这是因为老太太已经退休，她用来讨价还价的时间并不能用作别处，如果能买到便宜的蔬菜，就是降低了自己的生活成本。但是如果放到年轻人身上，他们会认为贵几毛钱就贵几毛钱吧，有讨价还价的时间还不如多挣点钱呢。

“朝三暮四”与“朝四暮三”的效用

《庄子·齐物论》中有个“朝三暮四”的故事：宋国有一个很喜欢饲养猴子的人，名叫狙公。他家养了一大群猴子，时间长了，他能理解猴子的意思，猴子也懂得他的心意。狙公宁可减少全家的食用，也要满足猴子的要求。然而过了不久，家里越来越穷困了，狙公必须要减少猴子吃橡果的数量。但狙公又怕猴子不顺从自己，就先欺骗猴子说：“给你们的橡果，早上三个晚上四个，够吃了吗？”猴子一听，都站了起来，十分恼怒。过了一会儿，狙公又说：“给你们的橡果，早上四个，晚上三个，这该够吃了吧？”猴子一听，一个个都趴在地上，非常高兴。

“朝三暮四”这个成语故事原本是揭露狙公愚弄猴子的骗术，告诫人们要注重实际，防止被花言巧语所蒙骗。在这个故事里，因为橡果的总量并没有变化，所以猴子们的行为显得很愚蠢。实际上，我们从经济学的角度来看，可能得出的结论会大不一样。古人们认为总量是没有变化的，因此觉得早上三个、晚上四个和早上四个、晚上三个是完全一样的。其实不然，“朝三暮四”和“朝四暮三”还是有区别的，它们能给猴子带来不同的效用。那么，什么才是效用呢？

在经济学的发展史中，“效用”这个概念的出现无疑是一个突破。物品效用在于满足人的欲望和需求。一切能满足人类的肉体和精神欲望的物品，才能成为有用的东西，才有价值。在经济学中，效用是用来衡量消费者从一组商品和其所提供的服务之中获得的幸福或者满足的尺度。有了这种衡量尺度，我们就可以在谈论效用的增加或者降低的时候有所参考，因此，我们也可以在解释一种经济行为是否为我们带来好处时有了衡量标准。

效用不同于物品本身的使用价值。使用价值产生于物品的属性，是客观的；效用是消费者消费某种物品时的主观感受。效用价值论强调物品对人的满足程度，而满足程度完全是主观的感觉，主观价值是客观交换价值的基础。物品的有用性和稀少性都是价值形成不可缺少的因素，都是主观价值的起源。例如在不同地点，人们对馒头的不同主观评价可以说明这个问题：

村子里住着一位穷人和一位富人，有一天村里突然发洪水了，穷人背着家里最贵重的东西——一袋馒头爬上了一棵树，富人背着家里最贵重的东西——一袋金子也爬上了这棵树。洪水没有消退的迹象。第一天，穷人吃了一个馒头，富人什么也没吃，眼睁睁地看着穷人吃。第二天，穷人又吃了一个馒头，富人的肚子已经直打鼓了。到了第三天，富人实在是忍不住了，于是富人对穷人说："我用一锭金子换你一个馒头。"在这个艰难时期，馒头对人的效用无疑比金子大。

经济学依赖一个基本的前提假定，即人们在做选择的时候倾向于选择在他们看来具有最高价值的那些物品和服务。效用是消费者的主观感觉，取决于消费者对这种物品的喜欢程度。消费者对某种物品越喜欢，这种物品带来的效用就越大，他就越愿意购买，需求就越高。比如有人喜欢抽烟，那么香烟对于他而言效用就很高，但对于一位不愿意闻烟味的女士来说，香烟就会是效用很低甚至是负效用的物品。很显然，在作决定的时候，烟民自然会把香烟视为至宝，而女士们可能更钟情于化妆品或者衣服之类的东西。

我们也可以通过红皮鸡蛋与白皮鸡蛋的变迁，来解读效用。根据科学研究，不管是鸡蛋的味道还是营养价值，都跟蛋壳的颜色毫无关系。那为什么以前市场上的白皮鸡蛋都不见了？这是因为，在我国很多地区，人们都喜欢红皮鸡蛋。红色给人一种吉利的象征，当它大量涌入市场，价钱与白皮鸡蛋差不多的时候，多数市民选择红皮鸡蛋，如此一来红皮鸡蛋便抢占了市场。正是因为人们对红皮鸡蛋有更大的满足感，所以才造成了今天的“市场尽是红皮鸡蛋”的状况。现在人们买红皮鸡蛋还会达到以前的效用吗？答案是否定的。红皮鸡蛋本来是很吸引人的，越稀少就越受到尊崇。但当红皮鸡蛋充斥市场时，人们对于红皮鸡蛋的满足感反而逐渐降低了，这就是边际效用递减。这也就解释了为什么现在白皮鸡蛋反倒比红皮鸡蛋贵的原因了。

消费者偏好

毛泽东一生中最喜欢吃的荤菜当数红烧肉。他经常说："吃点红烧肉，补补脑子。"新中国成立以后，战争年代十分恶劣的环境和异常艰苦的生活已有所好转，为了毛泽东的健康，保健医生曾就吃红烧肉一事与他"约法三章"：第一，以吃瘦肉为主，改变吃肥肉的老习惯；第二，以调换口味为主，一次不能吃得过多；第三，以补足营养为度，不要天天吃。毛泽东同意了这个"约法三章"，但一直到1976年去世前，他也没有改变吃红烧肉的习惯。

而邓小平的口味又有所不同，从鲜美的"佛跳墙"到一清二白的"七星鱼丸汤"，他对福建菜中原汁原味的海鲜相当赞赏。而京菜传人胡丽妹也表示，当年由邓小平主持的国宴，不仅有京菜，而且经常是充分展示南北各大菜系的风味特色，"南北通吃"成了一段佳话。

而上海和平饭店的主厨范正明，多年前曾收到美国前总统克林顿夫妇的一封"表扬信"。原来当年范主厨主理克林顿访华上海站的菜肴时，做出了让美国总统难忘的中国虾仁。克林顿夫妇用餐后，认为菜肴美味之极，令人可以忘记"时间"，所以准备取消晚间欣赏上海老年爵士乐队的休闲节目，将中国菜享受"彻底"。

根据经济学的假设，人都是有偏好的，所谓萝卜白菜各有所爱，所谓穿衣戴帽各好一套，说的就是这个道理。

比如2008年岁末，国内影坛的商业大片《赤壁》引起了观众不同的评论。电影中震撼的视觉效果堪比好莱坞大片，而导演对于草船借箭、火烧连环船的演绎也颇具新意，因此观众小魏对《赤壁》的评价就比较高。但是观众小秦从电影院走出来后，却对该影片极度失望，他认为《赤壁》将三国中的人物演绎得很离奇，实在让人接受不了。

同样的一部影片，不同的人对它的评价为什么截然相反呢？这就涉及个人的偏好问题了。偏好表明一个人喜欢什么，不喜欢什么。一般来说，偏好无所谓好坏，“萝卜白菜各有所爱”，并不能说喜欢白菜的就优于喜欢萝卜的。爱好运动的人可能会经常说“生命在于运动”，而好静的人喜欢以“千年乌龟”的典故作为自己不好动的理由。

偏好是主观的，也是相对的概念。偏好实际是潜藏在人们内心的一种情感和倾向，它是非直观的，引起偏好的感性因素多于理性因素。偏好受文化因素、经济因素、社会因素等多种因素的影响。

由于每个人的偏好不相同，就会引起每个人的行为选择的不同。经济学认为，每个人根据自己的偏好，形成在一定约束条件下能够反映自身愿望的需求，并在此基础上作出自己行为的决策，就能获得效用的最大化。实际上，偏好是每个人自己的心理感受，如果有人一定要用自己的偏好代替他人的偏好，即使是一番好心好意也难免由于越俎代庖而减少了人家的效用。倘若人家不买账，就是吃力不讨好。承认并尊重每个人的偏好，可以达到效用的最大化。

而消费偏好是指消费者对于所购买或消费的商品和劳务的爱好胜过其他商品或劳务，又称“消费者嗜好”。它是对商品或劳务优劣性所产生的主观的感觉或评价。作为个人，常见的偏好主要有：

（1）习惯。由于个人行为方式的定型化，比如经常消费某种商品或经常采取某种消费方式，就会使消费者心理产生一种定向的结果。这种动机几乎每个人都有，只是习惯的内容及稳定程度不同。

（2）方便。很多人把方便与否作为选择消费品和劳务以及消费方式的第一标准，以求在消费活动中尽可能地节约时间。

(3) 求名。很多人把消费品的名气作为选择与否的前提条件。在购买活动中，首先要求商品是名牌。只要是名牌，投入再多的金钱也愿意。

消费者偏好决定了消费者是某类商品忠实的顾客，正因为这种偏好的存在，使得消费者觉得自己的消费行为得到了最大的效用。

经济学

和你想象的不一样

第五章

投资经济学和你想的不一样

现金管理是合理投资的开始

就像每次旅行都有起点一样，个人财务报表会告诉你投资理财旅程的起点。现金管理是合理投资的开始。

我们所见到的大多数财务报表都是来自金融机构、商业组织或政府部门。但是有两种报表可以自己制作：个人资产负债表和现金流量表，它们又被称为个人财务报表。这些报表为你提供了当前财务状况的信息并简要归纳了你的收入和支出情况。在我们编制个人资产负债表之前，一个重要的公式我们要牢记在心：资产—负债 = 净资产。

第一步：确定资产。你可以按照流动资产、房地产、个人物品、投资资产来把自己的资产进行一一分类。流动资产是指现金和易转换成现金的资产，包括现金、活期存款和储蓄账户。房地产包括住房、带公用区域的公寓、度假住房以及其他个人或家庭所有的土地。个人物品是大多数人的主要财产，主要指汽车、家具和家用电器设备、珠宝等。这些财产要根据物品的现在价值（就是市场价值）来评估。投资资产主要包括投资于孩子的教育、退休金账户和购买的基金股票等。

第二步：确定负债。负债是欠其他人的债务，可分为流动负债和长期负债。流动负债是你必须在短时期内偿还的债务，债务期限通常少于一年。流动负债包括税单、信用卡、保险金、医疗单以及赊购账户等。长期负债是指至少要还两年的债务，比如抵押贷款、汽车贷款等。抵押贷款是为了购买房屋或其它不动产而借贷的，要在 15 年、20 年甚至 30 年内归还的债务。列在资产负债表上的负债也要包括将来要支付的债务利息。

第三步：计算净资产。净资产 = 资产—负债，净资产是卖掉所有的资产并偿还所有的债务后你得到的那部分现金。

一个有较多净资产的人仍然可能面临经济困难，大部分资产的流动性都较低就意味着可能没有足够的现金支付当前支出。记住，净资产并不是你可用的现金，而是在特定时间内，对你经济状况的一种衡量标准。每年或者每半年编制一次资产负债表，如果你的净资产有所增加，那么就说明你的经济状况一直在改善。如果你每月都留出固定的钱用于储蓄和投资，那么经济状况改善的速度将会更快。

个人财务报表可以一目了然地看到你的收入与支出，它是我们管理好自己的现金的良好方式。

泡沫经济很光鲜，但不长久

凡是吹过肥皂泡泡的人都会被它的七彩绚烂所吸引，而孩子们更是乐此不疲。不过，我们也都明白，泡泡越大越圆越光鲜，离它的破灭往往就越接近，而且，这种破灭是瞬时完成的。在经济学里，也有一种现象和肥皂泡泡非常相似，那就是“泡沫经济”。

泡沫经济是指经济过热所造成的不正常膨胀，主要表现在房地产和股票方面。两者价格往往先是反常地急剧上涨，到了最后，当其价格已经严重背离其实际价值时，必然导致价格突然暴跌，资产猛然收缩，从而带来严重的经济危机。

说起来，泡沫经济倒还不是一个新鲜事物，早在400年前，西欧就第一次出现了“泡沫经济”，不过它的主体有些特殊，不是现在常见的房地产和股票，而是美丽的郁金香。

当时郁金香从土耳其传入了西欧，善于开发的荷兰人很快就栽培出了更具观赏性的变种郁金香。物以稀为贵，这些郁金香球茎的价格也随之迅速上涨。在利益的驱动下，鲜艳的花朵成了投机的对象，以至于后来许多与培植郁金香没有什么直接关系的人也参与进来，并且许多人还真的一夜暴富。长此以往，渐渐地现货交易已经难以满足需要，于是期货交易又开始产生。投资者们不分男女老少，个个满面红光、满怀期待，希望借助郁金香的华丽让自己成为百万富翁，为此，不知有多少人高息贷款，放手一搏。

然而，此时泡沫经济突然显现了它的可怕。1637年2月4日，价格已经严重脱离其实际价值的郁金香一夜之间变得像魔鬼一样恐怖。这一天，希望通过高价卖出郁金香而获得暴利的人们震惊地发现，郁金香的价格急剧下跌，市场几乎在转眼之间就迅速崩溃。那些欠着高额债务进行买卖的人，一下子变得一文不名，许多人因无法偿还负债而自杀，社会秩序也因此而动荡不安。事态的混乱使得荷兰整个国家陷入了经济危机，郁金香上演了一次著名的“泡沫事件”。

“郁金香事件”之后，人类经济史上的泡沫事件便频频发生。在上世纪 80 年代末期的日本就发生了一场极为严重的经济泡沫破灭的事件。

在当时，日本这个巨大的经济体曾红极一时。这里仅举两个例子就可以看出当时的日本经济状况。在东京街头，动辄就有人甩出大把钞票，要打的到 300 公里外的名古屋，而东京的出租车司机一年收入可以达到 1000 万日元。第二个例子就是大学生就业，当时流行一种“割青麦”的做法，即公司在学生临近毕业时就与之签约，但是还不会让这个学生来公司参加实习，而是将他送到风光旖旎的夏威夷去度假——当然，是以“进修”的名义。公司为什么这样做？原因只有一个，就是怕人才被其他企业抢走。

但是在这种繁华景象的背后，却隐藏着巨大的经济泡沫。前面我们已经提到，现代泡沫经济的主角基本上是房地产和股票，日本也概莫能外。全球最繁华的商业街之一——东京银座，在 1989 年泡沫经济的最高峰时，其地价曾达到每坪（合 3.3 平方米）1.2 亿日元，而一个东京的地价就相当于整个美国的土地价格。造成这种现象的原因便是在 20 世纪 80 年代中期，大量投资者将资金砸向房地产行业，从而使得日本地价疯狂飙升。自 1985 年起，东京、大阪、名古屋、京都、横滨和神户六大城市的土地价格每年以两位数的百分比上升，东京在 1990 年最高峰期的地价竟然是 1983 年的2. 5 倍之多。“把东京的地皮全部卖掉就可以买下美国”，这样的言论让大部分日本人引以为傲。在那个年代，一向务实，对投机、股票没有好感的日本人，竟然有超过一半的国民购买了股票。谁不买股票，谁就是笨蛋，因为一年的投资就会有 100% 的回报。

在这样的形势下，银行拿出大把金钱来劝人买地，利息几近于零，地价却在不断上涨。如果贷款购买土地，肯定会因土地升值而大赚一笔。除了房地产，老百姓还纷纷把银行存款拿到股市。日本股市的市盈率曾高达80倍（当时美国、英国、香港的市盈率仅为25～30倍）。在“地市不倒”和“股市不倒”的神话里，日本举国欢腾。

然而，泡沫经济的特点就在于它必然会突然破灭。日本房产和股票的价格早已远远超过了它的实际价值，人们的买卖已经变成了纯粹的投机和炒作。从1990年市场交易的第一天起，日经股价便迅猛地跌入了地狱，其跌势之快令人瞠目结舌，随后，日本股票市场陷入了10多年的熊市。同年9月，日本NHK电视台连续播出有关土地问题的特别节目，指出地价可以下跌，主张进行土地税制改革，限制房地产恶性炒作。以此为转折点，日本地价自二战结束后开始了第一次急速跌落。在泡沫经济之前，花5亿日元购买的一套房子到了1990年中期一下子降到了1亿日元，贬值80%。尽管这样，大批的土地和房屋还是根本卖不出去，竣工的住宅空空如也，没有住户。1990年当年日本各大城市的房价平均下降15%～20%，而到了2005年，日本全国的平均地价已经连续14年呈下跌趋势。

日本“泡沫”经济的破灭带来了严重的后遗症，股价、地价大幅下跌，不动产业萧条，股市长期低迷，欠息欠账等不良债务大幅增加，企业对风险产业的投资热情下降。而股价下落直接损害了一般的中小企业以及广大的家庭。当这个人类经济有史以来最大的泡沫破裂后，整整15年，日本都在为之还债：经济萧条、政局动荡、犯罪率上升。以东京地铁的JR中央线为例，在泡沫破裂后，一度成为破产者自杀的热门地点，为此，东京的地铁不得不都安装了屏蔽门加以防范。直到现在，日本经济还处在恢复期里。

除此之外，泡沫经济的案例还有很多。由于泡沫经济的影响面广，危害性大，世界上各个国家，包括经济正在迅速发展的中国，都在研究泡沫经济，探究它的深层机制，并采取了种种措施，以便预防或者降低它造成的不利影响。

仍然以房地产为例。近几年来，包括我国在内，全球的房价几乎都在迅速上涨。如何抑制过高的房价，防止楼市泡沫，已成为各国共同面对的一大经济问题。特别是在各国楼市中出现的一些新情况，更是为我们敲响了警钟。比如，2007 年 8 月份的一份数据统计表明，俄罗斯房价上涨，而其居民的住房购买力却持续下降；英国、印度的房地产价格持续快速上扬，尤其是在印度，有越来越多的海外资金加入到印度的“炒房”中来。面对这样的市场形势，各国不得不采取措施，以防止房产泡沫。以韩国为例，其政府针对近几年房地产市场迅速升温，出现明显泡沫迹象的形势采取了一系列措施：对房地产加大税收力度，政府对居民拥有的第二套以上的住宅征收重税，将转让第二套以上住宅的交易税从 9% ~36% 提高到 50%，此举有效抑制了住宅投机；韩国政府还将对非土地所有者自住的土地交易征收交易税，税额达到 60%，此举有效抑制了土地倒卖的情况；同时，韩国财政经济部、建设交通部等部门还频频对房价虚高的泡沫现象发出警告，并计划自 2008 年起，在 5 年的时间内于房价涨幅最大的首尔江南区建造 10 万套住宅，并计划提高银行贷款利率。这些举措对房产泡沫产生了有力遏制，并为其他国家提供了良好的借鉴作用。然而不幸的事情再一次发生了，2008 年的美国地产业的两大巨头房地美和房利美相继垮台，房地产市场出现了严重的波动，已经影响到了全球的金融市场，造成的严重后果简直不堪设想，使全球经济出现了严重的倒退，至今全球经济还在血泊中不停挣扎。各国政府虽出台了许多救市措施，但仍有一些无力承担的政府如冰岛、希腊等相继出现了严重的经济危机，也考验着政府的执政能力。

在全球经济不景气的情况之下，我们选择投资要十分慎重，尤其是在出现了这种严重的经济泡沫的时候，市场是很脆弱的，繁荣的背后隐藏的是巨大的危机，在这种金融环境恶劣的情况之下，我们可以转向一些收益较为稳定的投资，例如黄金等保值性较强的投资项目，但是股票、基金、期货等需要慎重。

华而不实，必不长久，泡沫经济就是如此。投资者在选择投资方式的时候一定要看清整个社会的经济环境，不要光看到越吹越大的泡泡，一定要审时度势，不然巨额的投资很容易就被打了水漂。

替代效应：替代还是被替代

2007年3月2日，信产部发布了中国联通公司申请停止30省（自治区、直辖市）寻呼业务的公示。该文件显示，中国联通向信产部申请停止经营全网（除上海市）198/199、126/127、128/129无线寻呼服务，目前已经基本完成北京、天津、河北等30省（自治区、直辖市）范围内在网用户的清理和转网等善后处理工作。联通在全国范围内停止寻呼业务，预示着BP机将正式告别历史舞台，成为一个时代的背影。

BP机刚出现时，价格贵得惊人，一部要几千元，而当时人们的工资一般才几百元。谁要是有一部这样的机子，是很叫人羡慕的。在20世纪90年代，中国的寻呼业获得飞速发展，曾经辉煌一时，全国用户发展的增长幅度曾高达150%，用户规模一度逼近一个亿。但是繁华易逝，自1999年年底开始，随着手机的迅速普及，寻呼业逐渐走出了人们的视线。

尽管寻呼企业也曾尝试转向股票、警务等专业化服务，但依然无法扭转颓势。2002年时，联通还高调接收了另一家著名的寻呼企业——润讯通讯的用户，仅广东就接纳了50万户之多。但是，兼并与重组也不能改变寻呼企业每况愈下的经营状况，寻呼业务再也没有寻到翻身之日。所有努力都无法阻挡寻呼业走向没落的脚步。

寻呼机为何只发展了短短的十几年，就从辉煌走向衰落？从经济学角度解释，替代效应发挥了巨大的作用。人们有了更方便、实用的手机，谁还会选择BP机？BP机完全被手机替代了。

替代效应在生活中非常普遍。我们日常的生活用品，大多是可以相互替代的，我们可以根据其价格的变化情况，从经济实惠的原则出发，安排我们的生活。萝卜贵了多吃白菜，大米贵了多吃面条。买不起真名牌，用仿名牌来替代，也能让我们的心理产生极大满足。如果CD唱盘的价格上涨了，我们可以买磁带或听电台的音乐节目等来替代CD唱盘。有时替代效应也与价格无关，比如发生禽流感以后，鸡蛋和鸡肉就很少有人再买，而用其他肉类产品来替代。一般来说，越是难以替代的物品，价格就越是昂贵。产品的技术含量越高价格就越高，因为高技术的产品只有专业技术部门才能生产，就像彩电必须是彩电厂才能生产，而馒头谁家都会做，所以价格极低。艺术品价格高昂，因为艺术品是一种个性化极强的物品，几乎找不到替代品。达·芬奇的名画《蒙娜丽莎》只有一幅，所以珍贵异常，价值连城。

在人们的工作中，替代效应的作用也非常明显。例如，为什么那些有技术、有才能的人在企业里是香饽饽，老板见了他们又是笑脸，又是加薪，还生怕他们跳槽？就是因为这个世界上有技术、有才能的人太少了，找到一个能够替代的人很困难。尤其是对于企业的中高层来说，不仅需要才干出众，经验丰富的管理人才，而且成员之间的性格、行为方式能够磨合到位，彼此融洽，成为搭档，就更是不易，所以对于管理人才来说，企业就更为珍惜。所以，我们对那些著名企业CEO的百万年薪、千万年薪，就没有必要吃惊，更不要不平。我们想要让自己获得与他们同样的待遇，就要先让自己具有与他们同样的不可替代性。

有许多人发出这样一种慨叹，说自己刚进一个公司的时候，老板对他是如何如何地器重，而当他把才华全都献给公司的时候，自己的末日也就来了。按情理说，一个曾经对公司作出贡献的员工，应当受到公司的尊重和妥善安置，过河拆桥式的老板也确实是没有良心的老板。但从另一个角度来说，也是替代效应在发挥作用。一开始，你能够进公司，是因为你具有公司发展所需要的才华，你在老板的眼里无可替代，老板当然对你非常器重，可在公司发展的过程中，一旦你才华用尽，为了公司的进一步发展，老板就只有请更有才华的人来替代你了。

市场投资更是如此，还拿联通停止寻呼业务这件事来说吧，一个企业要有良好的发展，就要开发新的项目，使自己不被别人替代。联通在这个即将被抛弃的市场上还进行了投资，可以想象最终的结果是怎么样的。市场是无情的，企业不能寻求新的投资项目，就会让别的企业替代。所以，企业要在错综复杂的市场中，不断地做到思维超前、新意迭出、应对自如，自己的投资项目要站在同行业的前列，这样才不会被别人替代。

企业间的竞争，其实就是要让自己的产品替代别人的产品，企业不断地推陈出新，就是让自己的产品更加超前，生产出有特色的、适应时代需求的产品，从而不被别的企业产品所替代，最重要的就是不能走老路，对一些换汤不换药的产品更要提防。

投资于价值而不是价格

价值投资是在20世纪30年代，由哥伦比亚大学的本杰明·格雷厄姆提出，并在后来由伯克希尔·哈撒威公司的CEO沃伦。巴菲特使用并发扬光大的投资方式。如今价值投资风靡全球，被投资者奉为圣典。价值投资的精髓就是投资于那些股票价格远低于其内在价值的公司，并且长期持有，从而享受公司成长带来的好处。

价值投资之所以会如此受到全球投资者的爱戴，与巴菲特通过价值投资成为全球首富是分不开的。从1965年到1994年，巴菲特的投资业绩平均每年增值22.9%，高于道·琼斯指数近12个百分点。也就是说如果谁在1965年投资巴菲特公司1万美元的话，到1994年，他就可以得到900万美元的回报：谁若选择了巴菲特，谁就坐上了发财的火箭。巴菲特凭借着对价值投资的深入理解和把握，成为了世界上最伟大的投资家。

2000年之前，全球的投资者都热衷于购买互联网公司的股票，那时互联网还是一个新概念，人们都看好它的潜力。所以在美国纳斯达克市场上，一只营业额2个亿，亏损1个亿的互联网公司的股票的价格往往是一个拥有10个亿营业额，1个亿稳定收益的传统公司的股票价格的好几倍，就因为它与互联网相关。而巴菲特却没有投资于任何一只互联网公司的股票，当问到他为什么不投资时，巴菲特只用一句话就回答了："因为对这些公司不了解，所以不投资。”巴菲特没有赶上这次财富盛宴，在2000年公布的年报中，显示巴菲的投资业绩有所下滑，从1999年的盈利28.3亿美元跌到2000年的15.57亿美元，质疑之声开始出现。然而世界上没有不灭的泡沫，2000年之后，互联网泡沫破灭，全球投资者都蒙受了巨额损失，原本高高在上的股价，在没有盈利预期的情况下，跌得分文不值，股市里充斥着凄惨的悲号。此时巴菲特的业绩却逆势上涨，显示出价值投资强大的生命力。

其实价值投资的理念并不复杂，真正的价值投资者从来不去预测股市的底，更不会去预测哪里是顶，他们买卖股票的唯一原则就是这只股票的价格低于其内在价值，投资它并长期持有就会获得高于市场平均的收益。他们选择股票的标准就是安全边际准则，也就是说如果明天交易市场就关门了，这个公司的股票还值得买吗？如果值得那就买吧。价值投资者不像那些股票投机者，他们不需要一夜暴富，而追求的是一种稳定的长期的高收益，是用复利来赚钱。巴菲特每年的收益率也就20%多点，并不算高，但是人家牛在每年都能够获得这个收益。价值投资看重的另外一个方面就是长期持有，巴菲特说过，购买了一只股票，期待它第二天就上涨是愚蠢的。平均下来，他所投资的每只股票持有期达到8年。

巴菲特始终寻找自己真正了解的企业，要求该企业具有较长期的令人满意的发展前景，并由既诚实又有能力的管理人员来管理，最后在有吸引力的价位上买进。他认为，当我们投资的时候，我们是把自己当做商业分析人士，而不是市场分析员，也不是宏观经济分析家，甚至不是证券分析人士。所以，作为一般投资者，你不要理会市场分析或是那些对宏观经济趋势的看法，而要将你的眼光专注于你所选择的企业及这个行业上。你所做的一切，要像一个真正的企业所有者那样，了解它的管理层，明白企业的优势在哪里，知道他下一步会怎么做。也许有人会问了，作为小投资者，手中的资金有限，接受的信息量有限，甚至能够投入的时间也是很有限的，又怎么能像巴菲特那样购买并拥有企业呢？似乎这种事实可以给我们提供最直接、最令人信服的借口，这让我们心安理得地追涨杀跌，而忽略了企业的内在价值。其实，小投资者也有巴菲特没有的优势，我们拥有广泛的选择股票的自由。此外，你购买股票的操作程序也简单得多，不需要同别人谈判，市场每天都会给你一个报价，你需要考虑的唯一问题就是企业与价格。充分地了解你所要持有股票企业的信息，而不是听到别人谈论过某只股票就跟风去买。

价值投资很多人都知道，但要掌握它需要一些不同寻常的技巧。由于它是一种长期的投资方式，需要数十年如一日的坚持。所以，一般的投资者要有时间和耐心，同时要有独到的眼光和良好的心态，运用价值投资来换取更多的利润。

套期保值是避免风险的手段，不是投机的工具

2008年10月21日，中信泰富发布公告称，公司为了对冲澳洲铁矿项目面对的货币风险，签订若干杠杆式外汇买卖合约而引致亏损，实际已亏损8.07亿港元。至10月20日，仍在生效的杠杆式外汇合约按公平价定值亏损155亿港元。该巨亏事件令香港证券界震惊，在复牌后短短一周内，中信泰富的股价跌去七成。最终一手打造中信泰富的荣智健宣布离职，跟随荣智健20余载的范鸿龄也宣布辞去中信泰富总经理的职位。

一般大型企业在进行数额巨大的海外收购时，由于付款时间较长，而且不是一次性付清，所以必须要考虑到本币与外币之间汇率的波动产生的风险。为了锁定成本，一般企业都会进行外汇的期货交易。但是明明是希望可以套期保值的，怎会造成如此大的亏损呢？

中信泰富在澳大利亚建了一个铁矿石项目，需要从澳大利亚和欧洲购买设备和原材料，你去买东西不可能拿着港元去吧，人家要的是澳元和欧元。所以中信泰富就需要拿他的港元或者美元先去兑换成澳元和欧元，然后再拿去该买啥买啥。2008年年初，中信泰富用0.85美元可以换到1澳元，但是到了6月份就需要0.93美元了，也就是说澳元升值了，这样中信泰富就需要更多的美元。他们想这样不行，不确定性太大，为了规避这个风险，他们就利用起套期保值了。具体是怎么操作的呢？他们与其他几家投行签订了合约，合约规定，在2010年10月份之前，按照0.87美元换1澳元的价格分月从这些投行手中换取总额为90亿的澳元。这样即使澳

元再升值，中信泰富也不用怕了，他们可以每个月按固定的0．87美元的价格去买入澳元，成本也就锁定了。

但是天公不作美，2008年受到金融危机的影响，澳元出现了前所未有的大肆贬值，到2008年11月份，只需要0．65美元就能买到1澳元了，而中信泰富还要用0．87美元的价格每个月从这些人手中购入澳元。相当于每购1澳元亏损0．22美元，总共要购入将近90亿澳元，浮动盈亏达到将近20亿的美元，所以才有了上面的一幕。

很多人可能会问，这不是套期保值么，反正购买90亿澳元要花的美元还是刚开始预期的那么多，只看美元的话没啥亏损啊？事实上，原本中信泰富在澳洲的投资，未来20年只需要约26亿澳元，他们却买了90亿澳元，这已经不再是套期保值，而是投机了。如果仅是套期保值的话，所遭受的损失肯定在可承受的范围之内。

套期保值是指把期货市场当做转移价格风险的场所，利用期货合约来规避未来的不确定性风险。比如某公司想在未来三个月买入100吨大豆，但是又害怕价格会上涨，所以就在期货市场上买入100吨大豆，三个月后成交，这样价格就被锁定了，该公司的经营就不会因大豆价格的波动而受到影响了。套期保值是为了规避或转移现货价格涨跌带来风险的一种方式，目的是为了锁定利润和控制风险，使企业更好地规避风险的一种前期投资行为，它只是承担市场价格波动的小部分风险，是企业在近期投资中可以承受的范围之内的。但是投机就不一样了，它并不是想规避风险，而是想在市场变化的过程中收获利益，它所承担的风险就很大了，严重的可能导致企业的倒闭，中信泰富就是一个很好的例子。

套期保值是一种可以转移价格风险的场所，利用期货合约来规避未来的不确定性风险。但是，它只是规避风险，不是没有风险。因此，我们在投资中要利用风险给我们带来的机会，而不是在风险中寻求投机的机会。

税赋必交，但是可以合理避税

美国政治家富兰克林说过："人这一生中只有两件事情无法避免：一是死亡，二是纳税。"税收是我们生活中每天都要发生的，当你领取工资或购买商品时都要纳税。在你每赚到的 1 元钱中有 1/5 左右要交税，由于个人所得税的累进制，你赚的钱越多，那么你纳的税也会越多。如果你了解税收的法律法规，就能帮助你减少税收负担。有句话说得好："野蛮者抗税、愚昧者偷税、糊涂者漏税、精明者避税。"避税绝不是逃税、漏税，而是纳税人在法律允许的范围内，通过经济活动的事先筹划和安排，充分利用优惠和差别待遇，以减轻税负，达到整体税后利润最大化。

要想做到这一步，了解现行的税法和规章制度是必要的。《中华人民共和国个人所得税法》规定："在中国境内有住所，或者无住所而在境内居住满一年的个人，从中国境内和境外取得的所得，依照本法规定缴纳个人所得税。在中国境内无住所又不居住或者无住所而在境内居住不满一年的个人，从中国境内取得的所得，依照本法规定缴纳个人所得税。"

居民纳税人负有无限纳税义务，应该就其来源于境内、境外的所得缴纳个人所得税。征税范围包括：

（1）工资、薪金所得减去 2000 元。个人所得税免征扣除额（起征点）为 2000 元；

（2）个体工商户的生产、经营所得扣除成本、费用、损失；

（3）对企事业单位的承包经营、承租经营以及转包、转租取得的所得扣除费用；

（4）劳务报酬所得；

（5）稿酬所得；

（6）特许权使用费所得；

（7）利息、股息、红利所得；

（8）财产租赁所得；

（9）财产转让所得；

（10）偶然所得。

个人所得税采用累进制。工资薪金收入每高一个级别，税率提高5个百分点。

工资、薪金所得应纳个人所得税的应纳税额＝（每月收入额—费用扣除标准）×税率－速算扣除数。

大多数人希望支付的税金越少越好其实可以通过避税，即采用合法方式降低税负来达到这一目的。以下是从计税依据角度的筹划。

1. 工资、薪金所得税收筹划——奖金分摊发放

按照税法有关规定，个人一次性取得的奖金，单独作为一个月的工资、薪金所得计算纳税。如果奖金所得一次性发放，由于其数额相对较大，将适用较高税率。因此采用分摊发放方法，就可以降低适用税率，从而减轻税收负担。

例：周先生2008年每月工资2000元，因其所在单位采用减少平时工资发放、年底根据业绩奖励的方法，所以12月份周先生一次性获得公司年终奖金12000元。试分析周先生应缴纳个人所得税的情况。

（1）由于这部分奖金是一次性发放的，按照税法规定个人所得税计算如下：

工资部分因低于免征额，不用纳税。奖金部分应纳税额＝12000×20%－375＝2025（元）。因此12月份周先生共应纳税2025元。

（2）如果单位将年终奖金分三次下发，即每月平均发放4000元。周先生三个月的纳税情况计算如下：

三个月中各月应纳税额：4000×15%－125＝475（元）。三个月共计应纳税额：475×3＝1425（元）。通过上述奖金发放方式的改变，实行分

摊发放，可以使纳税人少缴税款600元。如果把奖金分摊到全年发放，纳税人税收利益更大。

2. 合理安排应纳所得税

例：王某开设了一个经营水暖器材的公司，由其妻负责经营管理。王某同时也承接一些安装维修工程。预计其每年销售水暖器材的应纳税所得额为40000元，承接安装维修工程的应纳税所得额为20000元。试做出降低税负的筹划方案。

分析：按税法规定，王某的经营所得属于个体工商户生产、经营所得，全年应纳所得税为：60000×35%－6750=14250（元）。

如果王某和妻子分别成立两个个人独资企业，王某的企业专门承接安装维修工程，王妻的企业只售水暖器材，则其应纳税额的情况如下：

王某的企业应纳所得税为：20000×20%－1250=2750（元）。

王妻企业应纳所得税为：40000×30%－4250=7750（元）。

两人合计纳税额为：2750+7750=10500（元）。

可实现节税额为：14250－10500=3750（元）。

个人投资的所得，都不想被别人占有。但是，税赋又是公民的义务，不得不交。不过，我们可以通过合理、合法的手段来避税。

租房，买房，谁更适合

如果你还年轻，刚刚毕业找到一份工作，不确定是否在同一个城市连续住两三年，也不需要通过买房子得到税收减免优惠，当前最好的选择似乎就是租房。然而，如果你打算在同一个城市住三年到五年，并且打算在不久的将来要和爱侣步入婚礼的殿堂，并且认为房价会涨，自己能付得起首付，就应该选择买房。

租房具有三大优点，分别是灵活机动、负担小以及初期成本低。你刚开始自己的事业时，可能会经常更换工作。新工作、租金上涨、想更换更大的公寓或希望住在一个环境更好的社区等都可能使你更换住所。这时，租房就比较适合。租房的人不必负责房屋的维修与修缮，因此成本也小。虽然新的承租人刚开始要支付押金，但远远低于购房支出，新的购房者支付的首付款和房地产买卖手续通常要几万元，甚至几十万元。

但是租房也有缺点，比如说租房的理财收益少，可能会限制你的生活方式，而且涉及大量的法律细节。承租人不能因为房地产增值而受益，同时也无法控制房东向你提出更高房租的要求。另外，承租人也不能享受抵押贷款利息优惠。承租人在房里开展活动往往受到限制，承租人常常不可以随意养宠物或者装修房子，在家里聚会或者开音响也会受到房东的限制。大多承租人都会和房东签订租约，其中承租期限和押金往往是让人头痛的问题。如果你在承租期限内需要换房子，那就可能会损失押金。另一种情况是你不想换房，可是承租期限到后，房东以各种理由不让你续住，此时你就不得不再寻找其他的住处。

很多人都梦想拥有属于自己的房子，尤其是快要结婚的人更希望能有一个属于自己的爱巢。在购房前你需要考虑好这个重大财务支出的优缺点，还要评估不同的住房类型，并确定你可以负担的金额。

无论你是购买公寓还是购买别墅，你都会有住房所有者的自豪感。购房者可以享受抵押贷款利息抵扣个人所得税的税务优惠，同时潜在的利益是房地产的增值。拥有住房所有权能使你更好地享受个性化的生活，可以在自己的房子里随心所欲地装修或是招待客人，而不用像租房那样束手束脚。但是拥有自有住房时，租房时的灵活机动、负担小以及初期成本低的优势就都不存在了。你必须得承担银行月供，还得承担住房的维修改建的各类成本，在你想更换居住环境时，房屋可能很难出售。在你确定住房的消费预算时，必须综合考虑你能承担的费用，包括受首付款、收入水平及当前生活开支等。此外，你还应该考虑当前的抵押贷款利率、房地产将来潜在的价值以及你支付月供、赋税和保险费的能力。在第一次买房时，你的房子不可能完全符合你的期望，但是理财师的建议是你应该购买你可以承担的房子。随着以后支付能力的增强，你的第二套或第三套住房就能让你更满意了。在某些条件下，你可能愿意购买毛坯房。这种房子需要装修，可是你可以以较低的价钱把它买下来，和爱侣一起按照自己的经济条件和需求装修自己的房子，这未尝不是件好事。

选择投资时机比选择投资什么更重要

股价的波动与自然界中的潮汐现象极其相似，股价的上升下降如同大海的波浪，一浪推一浪，潮起又潮落，如能把握住股市的变动规律，就能够顺应潮流，在大浪中淘金。在多头市况下，每一个高价都会是后一波的垫底价；在空头市况下，每一个底价都会是后一波的天价。如果投资者能审时度势，把握住股价的波动大趋势的话，就不必老围着股价的小小波动而忙出忙进，随着大势一路做多或一路做空即可了。这样既能抓住有利时机赚取大钱，又能规避不测之险及时停损。艾略特的波浪理论为投资者提供了判别股价波动大势的有效工具。艾略特是波浪理论的创始者，他曾经是专业的会计师，从事过餐饮业与铁路业，由于在中年染上重病，在1927年退休，长期住在美国加州休养。就在他休养的康复时期，他研究并提出自己的股价波浪理论。

艾略特将上升态势浪分为五个浪型。第一浪为启动浪，第二浪为初次调整浪，第三浪为发展浪，第四浪为再次调整浪，第五浪为冲高浪。下跌态势浪一般由三浪组成。a浪为下跌出货浪；b浪为反弹出货浪；c浪为探底出货浪。从浪形的构图观察：全五浪上升态势浪和全三浪下跌态势浪完整构成一个股市潮起潮落的态势图。在上述八个波浪（五上三落）完毕之后，一个循环即告完成，走势将进入下一个八波浪循环。时间的长短不会改变波浪的形态，因为市场仍会依照其基本形态发展。波浪可以拉长，也可以缩短，但其基本形态永恒不变。总之，波浪理论可以用一句话来概括，即“八浪循环”。

波浪理论已超越传统的图形分析技术，能够针对市场的波动，提供全盘性的分析角度，进一步对头部与底部作出预警分析，得以解释特定的图形发展的原因与时机。波浪理论同时也能够帮助市场分析师找出市场循环周期的所在。

一滴水有自己的颜色和成分，但当它汇入大海而成为海洋的一部分时，也会跟随着海洋的潮流前进。因此，就交易所的个别股票而言，就宛如海洋中的水滴，跟随趋势发展。根据观察，在多头市场中75%以上的个股会呈多头趋向；而在空头市场中，则有90%以上的个股会随势而下。

一般来说，在买卖股票时，选择介入市场时机要比选择个股更为重要。在开始考虑何种股票具有潜力时，通常显得比较容易，唯有在什么时间下买单则是常常困扰人的问题。无论是投资者或投机者，如果想成为赢家，必须洞察市场的主要趋势，且顺势而为，选择股性和市场方向一致的股票，而非逆势去操作。

期权期货投资的收益和风险

设想你要租一套房子，今天刚好在一个你比较满意的地段看中了一套房子，觉得还可以，租金每月1000元，房东要求房租半年一付。但是，你还想在同样的租金水平上租一套更好的房子，你心里盘算着不着急住，想再花一周的时间找一找，但是，房东有可能把它租给别人，你该怎么办呢？如果你先交了半年的房租租下了，但是在第二天就发现了一套更中意的房子，你就会后悔当时太冲动了；也可能出现相反的情况，在这一周的时间里，没有同样的租金水平下更为满意的房子了，这套房子又被房东租出去了，你又会后悔当时没有租下。因此，你在租房时存在着风险。

如何规避这种风险呢？最理想的办法就是在你看完房之后先给房东交一定的定金，比如说200元。你和房东的约定是，在一周之内搬进来，房租在你搬进来之后支付；如果过了一星期，你没有搬进来，那么房东就有权利将房子租给其他人，你就损失了200元的定金。由于你交了定金，房东就有义务将这套房子为你保留一个星期的时间，这套房子在一个星期内对你是有保障的。如果你在一周或更短的时间内找到了一套更好的房子，你就可以放弃200元，而租住自己更满意的房子。

期权就是事先以较小的代价购买一种在未来规定的时间内以某一确定价格买入或卖出某种金融工具的权利。其中购买这种权利所花费的代价就是权利金，而未来买入或卖出某种金融工具的价格就是履约价格。在这个例子中，你所支付的200元的定金实质上就是你租房时购买期权所支付的权利金。如果你在一周后租住那套房子，支付的1 000元房租实质上就是期权的履约价格。

作为期权的买方（无论是看涨期权还是看跌期权）只有权利而无义务。他的风险是有限的，亏损最大值为权利金，但获利是无限的。作为期权的卖方（无论是看涨期权还是看跌期权）只有义务而无权利，在理论上他的风险是无限的，但收益是有限的，收益最大值为权利金。期权的买方无需付出保证金，卖方则必须支付保证金以作为履行义务的财务担保。

期货的英文为“Futures”，是由“未来”一词演化而来，其含义是：交易双方不必在买卖发生的初期就交收实货，而是共同约定在未来的某一时候交收实货，因此中国人就称其为“期货”。期货交易与股市的一个最大区别就是期货可以双向交易，期货可以买空也可卖空。当投机者预测期货价格会上涨时，就进行多头交易，买入期货合约，并在价格上涨过程中适时卖出合约，从而获得价差利润；当投机者认为期货价格会下跌时，就进行空头交易，卖出期货合约，当价格真的下跌了，再以较低的价格买入相同数量的合约，以补足先前卖出的合约，即通过空头回补在高价卖出低价买入的差价中获利。做多可以赚钱，而做空也可以赚钱，所以说期货无熊市。这也就是为什么在熊市中，股市会萧条而期货市场却风光依旧、机会依然的原因。

期货也是在远期交易基础上发展起来的一种衍生产品，与期权的合约的随意性不同，期货是标准化合约，是一种统一的、远期的“货物”合同。期货合约的商品品种、数量、质量、等级、交货时间、交货地点等条款都是既定的，是标准化的，唯一的变量是价格。期货合约的标准通常由期货交易所设计，经国家监管机构审批上市。期货合约可通过交收现货或进行对冲交易来履行或解除合约义务。

人们购买期货的目的有两种：套期保值和期货投机。套期保值是指交易者在现货市场上买卖某种原生产品的同时，在期货市场上设立与现货市场相反的头寸，从而将现货市场价格波动的风险通过期货市场上的交易转嫁给第三方的交易行为。而期货投机则是投机者通过预测未来价格的变化，买空卖空期货合约，当出现对自己有利的价格变动时对冲平仓以获取利润的行为。

杠杆原理是期货和期权投资的魅力所在。期货和期权市场里交易无需支付全部资金，目前国内期货交易只需要支付5%保证金即可获得未来交易的权利。由于保证金的运用，行情被放大十余倍。如果操作正确，我们的资金利润将会翻倍；然而如果操作失误，那么就有可能本金全部消失，甚至还有债务。

事实上期货、期权市场都是零和市场，市场本身并不创造利润。在某一时段里，不考虑资金的进出和提取交易费用，市场总资金量是不变的，市场参与者的盈利来自另一个交易者的亏损。在某种意义上讲，期货和期权可以使你一夜暴富，也可能使你顷刻间一贫如洗，因此投资者要慎重投资。

第六章

博弈经济学和你想的不一样

做“大猪”还是做“小猪”

经济学里有一个著名的案例，讲的是两头猪斗智的故事。

大猪和小猪共住一个猪圈，为吃食竞争。猪圈一侧有一个踏板，另一侧有一个食槽。每踩一次踏板，自动投食机就会向食槽投放一点饲料。这样，一只猪去踩踏板，另一只猪就会抢先吃到食物——如果小猪踩动踏板，大猪就会在小猪跑来之前吃光东西；如果大猪踩动踏板，则有机会在小猪吃光之前跑来，抢到一点残羹。那么，两只猪会采取什么策略呢？说出来大家可能会感到有些难以置信！强壮的大猪奔忙于踏板和食槽之间，而小猪则等在食槽旁边，坐享其成。

这是为什么呢？以小猪为例，对它而言，自己去踩意味着一无所有，但不踩则会出现两种可能：①大猪去踩，它可以坐而待食；②大猪也不踩，双方干耗，最终都会饿死——但这与小猪去踩的结果并无二致。对大猪来说，由小猪去踩踏板也是上策。但是，如果双方都静观其变，由于大猪的身体需要更多的能量，因此消耗不起。最终，结果只能是大猪去踩，并跑回来争食，这样多少还是有些收获。

这个耐人寻味的故事属于经济学的博弈论范畴。博弈论在经济学中占有非常重要的地位，而本文提出的这个“智猪博弈”早已作为一种博弈模型，应用于现实生活的各个方面。战争、政治、商业、体育比赛……几乎都能看到它的影子。而在职场当中，经常会看到这样的景象：任务完成，论功行赏时，有一些员工不劳而获，就像故事中的小猪，而另一些人费力又难以讨好，就像故事中的大猪。能者加班，而大伙一起拿加班费，就是这样一种情况。

当公司需要加班时，常常出现“人多力量大”的状况，不论事有多大，加班员工越多越好。本来一两个人就可以做完，总会有四五个甚至更多的员工凑在一起。由此，“智猪博弈”就会出现。如果大家都耗在那里，不去工作，结果当然是“三个和尚没水吃”，完不成任务。但是，员工中的能者碍于面子或者责任心，往往不便坐而待之，就会去主动完成任务。由于大家对彼此的行事规则早已清楚，其余员工在加班中便多是出工不出力。工作一旦完成，大家便共拿奖金——由此，能者成了辛苦的“大猪”，而其他人则成了舒服的“小猪”。要解决此类问题，关键在于企业要充分了解员工，辨清能者与普通职员。如果工作有难度，则将其交给能者；如果工作人人都能胜任，则要让加班的人数和工作量相对应，不要造成人员浪费。一句话，“因事设岗，因事用人”，只有这样才能促使职工发挥自己的能力。

除去加班，在向老板争取增加薪水或者福利时，这种博弈模型也会出现。当一名员工被推选为代言人与老板谈判时，他在为公司所有员工的利益而努力。然而，同为可能受益者的其他人却在此刻扮演了“小猪”角色，躲于幕后。如果谈判成功，他们可以轻松分一杯羹；如果失败，他们也可以全身而退，甚至发表一通与我无关的言论。而那名与老板谈判的员工，扮演了“大猪”的角色，却有可能因此成为一名牺牲者——实际上，像这位勇于代言的职员，在公司里往往是那些胸无城府，而又总想树立积极形象的人。要解决这一问题，关键在于公司要加强民主，积极鼓励员工参与决策，让每一位员工都有合适的途径表达自己的观点，从而避免出现“智猪博弈”的现象。

不仅在日常工作中会出现“智猪博弈”，在应聘工作时，有时也会发生。

某名牌大学面向社会公开招聘两名教授，分别负责经济学和会计学的数学工作。招聘伊始，便应者甚众，竞争激烈。经过长时间的层层选拔，有两个教授（称之为甲和乙）赢得了机会，开始最终定岗。大学规定，会计学教授月工资6000元，经济学教授月工资4000元。而甲、乙两人都想去从事会计学，由此开始最后一次竞争。双方的大体情况如下：二人均有会计学硕士学位，同时又兼有会计学和经济学两方面的教学经验，而且，甲的会计学教学经验还优于乙。依正常逻辑推测，甲教授已经占得先机，获得会计学教授职位应该是顺理成章的事。甲教授对此也颇有信心。在与学校谈判的过程中，他除了详谈自己的会计学教学经验外，为了证明能力，还谈起自己的经济学教学经历。然而与之相比，乙教授采取的竞争策略令人感到意外：在与学校的谈判中，他极力否认自己具有经济学教学经验，甚至还有意贬低自己，声称如果自己去讲授经济学，实属误人子弟。从甲、乙教授向大学一方传达的信息中可以看出，乙故意拉大了自己与甲的实力差距。然而，最终定岗结果却出乎所有人的意料：乙非常愉快地获得了会计学教授职位，而甲只能退而求其次，教授经济学。

为什么会出现这样的一个最终结果？更有能力和经验的甲教授为什么会在这场竞争中失利？这就需要应用“智猪博弈”来进行分析。该大学在整个招聘过程中，层层选拔，在最后选定两位佼佼者后，已付出大量时间和精力，除非出现极其特殊的情况（如天灾人祸），基本不可能再重新招聘了。对于两位教授而言亦是如此，他们也都不太可能随便丢掉触手可及的美差。对此局面，实力稍逊的乙教授了然于胸，主动充当了“智猪博弈”中的“小猪”角色，释放出“宁可失去职位（实则当然未必如此），也不愿担当经济学教授”的烟幕弹。相比之下，甲教授的做法就逊色不少，在无意当中充当了知识渊博、能力全面的“大猪”角色。面对两位教授的策略，大学由于难以再开展新一轮的招聘，只能作出让甲去教授经济学的决定。

这一事例无意否定知识的价值，而是指出，面对这一看似有悖事理、有违公平的“能者退其次”的结果，我们应该充分意识到，博弈论在此起了关键作用。回头再看，设想如果甲教授了解“智猪博弈”，吃透竞争形势，只要采取和乙教授同样的策略——“一定要教授会计学”，就很可能达到目的（因为他确实比乙要强一些）。但是很遗憾，他在“智猪博弈”当中扮演了能力更强，却费力不讨好的“大猪”角色，最终输掉了竞争。

在企业的日常管理当中，管理者要懂得“智猪博弈”，了解手下员工的工作情况，从而使能者得到回报，区分出坐收渔利的人，更不能让浑水摸鱼者占了便宜。

大猪四处奔波，小猪坐享其成，“智猪博弈”损害了辛苦、能干的人的利益，然而这却符合博弈论的规律。作为员工要了解博弈论，在人际关系复杂的企业里，学会切实维护属于自己的利益，作为管理者要了解博弈论，学会用特殊的方式去保护能干的员工，维护员工的利益。

耐人寻味的“囚徒困境”

“囚徒困境”既是一个耐人寻味的小故事，又蕴藏着一个经典的经济学博弈论的原理。

警察抓获了两个重要的嫌疑犯（称之为A和B），却只掌握了他们很少的犯罪证据，如果就此量刑，嫌疑犯只会受到很轻的惩罚。所以，警察就将两人隔离，然后分别对每个人说：

（1）如果你认罪，而你的同伙沉默，那么他将被判10年监禁，而你将马上获得自由；

（2）反过来，如果你的同伙认罪，而你保持沉默，那你将被判10年，他将自由；

（3）如果你们两个人都认罪，每人都将被判5年监禁；

（4）如果你们两个人都沉默，你们每个人只会坐1年牢（因为警察证据不足）。

稍加分析，我们会发现，每个嫌疑犯可能面临的监禁分别是10年、5年、1年和0年。从他们的角度来说，当然希望避开10年的漫漫铁窗生涯，从而马上自由。但是，问题的关键就在这里：每个人最终的刑期并不是由他自己决定的，而是两个人一起作出选择后的结果，即需要两人共同来达成。读者如果有兴趣的话，可以设身处地，将自己置于嫌疑犯的角度去考虑，就会发现其中有许多奥妙，甚至还能体会到有关人性的问题。

当然，经济学家更关心的是其中蕴藏的“博弈论”原理。经济学理论认为，市场中的每一个个体都希望自己的利益最大化。不过，做生意的人都不是傻子，你希望利益最大化，我也肯定如此。假设我是其中的 A 嫌疑犯，当然希望自己“坦白从宽”，而 B“抗拒从严”，可是多年的“社会经验”告诉我，B 肯定也会这么想。退而求其次，只坐 1 年监禁也不错，前提是两个人都得沉默，但是那样做我将冒极大的风险（因为 B 可能会招供）。思来想去，决定自己还是招供，这样就避开了 10 年牢狱，最多也就是坐 5 年牢，而对双方都有利的 1 年刑期就不作指望了。

“两人同坐五年牢”的结果，就会出现了。

从旁观者的角度看，“囚徒困境”显然不是一个最佳的结果。然而，它竟然是符合西方经济学理论的。被誉为现代经济学之文的亚当·斯密在《国富论》中有句名言：“一个人通过追求自身利益，常常会比他实际做到的更有效地促进社会利益。”这究竟意味着什么呢？也就是说，在市场经济中，每一个人都从利己的目的出发，而最终全社会将达到利他的效果。通俗点说，就是“人人都为自己好，社会就会变更好”。但是“囚徒困境”却对斯密提出有力挑战：对两个嫌疑犯来说，在斯密精神的指导下，结果却是大家都不好。最有利的 1 年监禁没有出现，两个囚徒损人而不利己，一个悖论就此出现——实际上，从某种意义上说，正是这个悖论动摇了西方经济学的基础。我们已经知道，在“囚徒困境”中，如果两个嫌疑犯相互串供（经济学上要文雅一些，称之为“合作”），就能达成最好的结果；或者换个角度，当他们都首先替对方着想时，也能共同获得最短时间的监禁。这时，问题就变得深刻了：每个人的利己行为，导致的最终结局却是对所有人都不利，只有合作，才能使得大家获得最多的利益，形成所谓的“双赢局面”——话说回来，这个结论又何尝不直指人性的本质呢？

如果将“囚徒困境”运用到真实的生活中来，我们会看到在社会、经济、政治、管理和日常生活的各个方面，都存在着司空见惯的博弈现象。

在我国，老百姓经常会遇到各种各样的家电价格大战，各大家电企业疯狂降价，以期占据市场。消费者当然是受益者，但是，厂家价格大战的结局却往往令他们很失望。跟“囚徒困境”的结果一样，损人而不利己，最终是谁都没有钱赚，甚至还濒临破产。价格战对厂商而言无疑意味着自杀。因此，正确的解决方法应该是厂商采取合作的态度，通过建立行业协会等方式避免这种没有意义的价格战。

“囚徒困境”还适用于我国的“环境污染问题”。应该说，有些企业很清楚环境污染的危害，但在很多情况下却被迫放弃治理污染。这是为什么呢？我们作个假设，即在政府没有严格管制的情况下，企业为了追求利润最大化，就必然会以牺牲环境为代价。如果其中一个企业家良心发现，自愿投资治理污染，那么他的生产成本必然增加，从而不得不提高产品价格，最后，在市场上失去竞争力，导致破产。实际上，我国的企业在20世纪末的做法就是以牺牲环境为代价来换取企业生存的空间的，这对于企业和社会的长远发展是极其不利的。近年来，我国政府加强了污染管制工作后，企业都投入了成本以有效降低污染，即在“治污”上采取了合作的姿态，结果是获得了与高污染时期同样的利润，而环境也得以了大大改善。

企业要发展要壮大，不要选取一些过激的方式，像降价等这种不合理的竞争方式更是不可取的，只有与同行业者保持合作的态度，这样才能避免出现“囚徒困境”，使企业在市场上的竞争进入正常的轨道，这样才能真正增强企业的实力。

只讲个人、只求利益，这样的企业迟早会变成“困境中的囚徒”。企业要打破固有的思维模式，采取合作的方式，维护大家共同的利益，才会实现企业发展，出现经济繁荣。

避免信息不对称和逆向选择现象的发生

有这样一则趣闻：

一位大龄男青年多次在婚姻介绍所征婚都没有结果，不是这个不满意，就是那个不中意。时间长了，他渐渐也就对征婚失去了信心。不料，婚姻介绍所又一次向他推荐了一位女士，称对方长得楚楚动人，并且温柔贤惠，但是男青年根本不信，婚介所就给了他一张介绍此女士的个人光盘以证明所言非虚，在婚介所工作人员的一番夸赞下，男青年动了心思，向婚介所付了费用。然而经过一段时间的相处后，男青年发现自己上当了，因为对方有着女性里比较罕见的口吃病。愤怒之下，男青年去婚介所索要费用，但是对方却明确拒绝，理由很简单：我们最初提供的信息是真实的——她确实长得不错——我们并没有说谎。

男青年为什么会上当呢？我们可以从信息经济学的角度分析一下。我们知道，在市场上任何一方都应尽可能多地掌握信息，另外，如何传递信息也很重要。婚介所提供女士的信息时，肯定了解该女士的详细信息，但是却在传递信息的过程中使男士处于不利地位，他并不了解她的某些不利的特性。结果，在付费之后才惊觉上当。由此可见，买卖双方对商品的了解如果处于信息不对称的状态，信息较充分的一方将更加有利；反之，信息不充分的一方就被动了。

在生活中，有些人常常会因相信虚假广告而上当受骗，蒙受损失，这便是由“信息不对称”造成的。最常见的就是电视上的那些虚假的手机广告了，电视中的男男女女们，用很激情的方式传递着某款手机的强大功及便宜的价格，还宜称此款手机是限量发售的，想要的朋友就赶紧拿起手中的电话抢购吧，造成一种极其缺货的样子。但是广大的消费者却不知道这样的“山寨货”不仅功能不强大，而且质量也很差，那些广告内容都是厂商为了获得利润而隐瞒了产品的实际情况。

“一个人掌握的信息达到何种程度，就会采取相应的选择。”在双方信息不对称的情况下，总体而言，谁处于信息劣势，谁就会处于博弈劣势。因轻信虚假广告而上当，从表面看是因为受害者一时冲动花钱当了冤大头，但是以信息经济学的眼光看，则是由于受害者掌握的信息不够充分，只能根据手头仅有的信息作出选择。消费者总是希望能买到质优价廉的商品，但是现实生活中常常会出现买回的东西用了不久才发现质量糟糕的情况，这就是因为他当初购买该商品时掌握的信息处于劣势，不能发现真相。以上所列举的是个体在接受外界信息时的情况。反过来，我们也会向外界传递自身的信息，求职就是其中一例。这时情况就反过来了，招聘方处于信息不对称的劣势。公司不可能在短期内对应聘者的品质、能力、经验等有一个全面的了解。那么用人单位在进行“信息选择”时，一个非常重要的信息就是你提供的文凭。一般情况下，文凭信息是不容易造假的。尽管也会出现“高文凭低能力”的情况，但总体而言，企业对应聘者的信息掌握不完全时，借助文凭信息还是简单实用的。

信息不对称对于市场而言是不利的，因为它会限制市场的能力。一个常见的例子就是二手交易市场。假设有一个旧货，其品质还是相当不错的，货主完全了解这一点，然而顾客却不可能在短时间内对旧货的品质完全了解，他只能根据以往的经验，按最坏的情况考虑，因此只能提供一个很低的价格，而货主再怎么强调这是好货都无济于事。由于货主除了嘴巴以外缺少其他办法向顾客提供值得信赖的信息，最后双方很难成交。接下来，顾客很可能作出的选择是：用低价购买了另外一个质量很差的货物——面对质量好的，却最终选择质量差的，这就是信息不对称的一种产物：逆向选择。

“逆向选择”在经济学里含义颇为丰富，这里可以解释为交易双方在信息不对称时所产生的劣质商品驱逐优质商品的现象。如果逆向选择长期存在，必然使得市场上产品的质量整体下降，因为好东西都被次品赶跑了。

作为企业的经营者，我们要避免这种信息不对称和逆向选择的出现，这样会伤害了生产优质产品的企业，要进行充分的透明，这样才能让消费者达到满意，才会选择质量好的产品。例如，某生产棉被的厂商请顾客进行自我动手装填被褥的活动，这样使顾客充分了解了要购买的被子的全部信息——被褥里面填充的是真材实料的棉花，而不是坑人的“黑心棉”。再比如，最近餐饮市场上出现了“地沟油”，这种垃圾油流入了餐桌，简直让人作呕，这对餐饮企业的打击是很大的，人们不再到外面用餐了，即使有些餐饮企业用的是真正的好油，顾客由于不知道实情，也会有排斥心理，然而，对于那些不得不在外面就餐的人来说，他们认为哪家都一样，也就没有选择性了，这样就让那些假冒伪劣的经营者钻了空子。但是有些餐饮企业采取了不一样的做法，他们允许顾客自带油料，在顾客的监督下完成食品的制作，这样就可以打消顾客的顾虑了。

要避免“信息不对称”和“逆向选择”现象的发生，对于个人来说要掌握真实可靠的消息；对于企业而言，在信息生产、传递的过程中要保持信息的真实性，并且能够坚持下去，虚假信息也许会赢得一时的利益，但不可能长久立足。整个社会要建立公信力，减少投机行为，使诚信发挥最大的功效，尽量避免这种不良博弈的出现。

别摘第一朵花：破窗效应导致不良信息的扩散

有一个花园，正值花开的时节，园中各种花卉争相斗艳，游人很多。一天，来了一批游客，其中一位美女因为很爱这些花朵，就上前摘了一朵，戴在了自己的头上，然后美滋滋地让大家给他照相。这一幕让另外几位美女看到了，于是，她们也上前摘了一朵带上。花园的主人由于一直在忙着接待游客，没有时间对花园中的游客进行管理，当天下午，这位主人送走了最后一批客人之后，发现花园中有一半的花朵已经不翼而飞了，只剩下孤零零的花茎留在那里。主人实在是太累了，再加上明天还要接待客人，就没有理会这件事。第二天，当主人送走最后一批客人之后，发现花已经所剩无几了。主人懊悔不已，当初要是制止了第一个人，或者写一个“请勿采摘”的告示，也不会出现这样的结局。

这个小故事反映了这样一个道理：如果有人摘了第一朵花，又没有人及时地制止或治理摘花后的花茎，别人就可能得到某种暗示性的纵容，去摘更多的花。久而久之，这些花给人造成了一种无序的感觉，在这种麻木不仁的氛围中，就会出现更多的破坏性行为。

通过这则故事，体现出来的是一种“破窗效应”。它就像有人打破了窗户，如果没有及时修理好的话，这个窗户很快就会被全部打破，甚至会殃及其他完好无损的窗户。

我们日常生活中也经常有这样的体会：桌上的财物，敞开的大门，可能使本无贪念的人心生贪念；对于违反公司程序或廉政规定的行为，有关组织没有进行严肃处理，没有引起员工的重视，从而使类似行为再次甚至多次重复发生；对于在工作中不讲求成本效益的行为，有关领导不以为然，使下属员工的浪费行为得不到纠正，反而日趋严重，等等。这些就是“破窗效应”的表现。

纽约市交通警察局长布拉顿受到了“破窗理论”的启发。纽约的地铁曾经被认为是“可以为所欲为、无法无天的场所”，针对纽约地铁犯罪率的飙升，布拉顿采取的措施是号召所有的交警全力打击逃票。结果发现，每七名逃票者中，就有一名是通缉犯；每二十名逃票者中，就有一名会携带凶器。结果，从抓逃票开始，地铁站的犯罪率竟然下降了，治安大幅好转。他的做法显示出，小奸小恶正是暴力犯罪的温床，针对这些看似微小、却有象征意义的违法行为进行大力整顿，却大大减少了刑事犯罪。在日本，有一项被称做“红牌作战”的质量管理活动。日本的企业将有油污、不清洁的设备贴上具有警示意义的“红牌”，将藏污纳垢的办公室和车间死角也贴“红牌”，以促其迅速改观，从而使工作场所清洁整齐，营造出一个舒爽有序的工作氛围。在这样一种积极暗示下，久而久之，人人都遵守规则，认真工作。实践证明，这项活动对于保障企业的产品质量起到了非常重要的作用。

企业管理中也存在这种“破窗效应”。制度化建设在企业管理中已经是老生常谈了。但是，现实的情况往往是制度多，有效的执行却很少。管理者觉得，像这样的小事，教育一下就行了，但如果长此以往，企业的发展会很尴尬。对公司员工中发生的“小奸小恶”行为，管理者要引起充分的重视，适当的时候要小题大做，这样才能防止有人效仿，积重难返。

美国有一家公司，规模虽然不大，但以极少炒员工鱿鱼而著称。有一天，资深车工杰瑞在切割台上工作了一会儿，就把切割刀前的防护挡板卸下放在一旁。没有防护挡板，虽然埋下了安全隐患，但收取加工零件会更方便、快捷一些，这样杰瑞就可以赶在中午休息之前完成三分之二的零件加工了。不巧的是，杰瑞的举动被无意间走进车间巡视的主管逮了个正着。主管雷霆大怒，令他立即将防护板装上，还站在那里大声训斥了杰瑞半天。第二天一上班，杰瑞就被通知去见老板。老板说：“身为老员工，你应该比任何人都明白安全对于公司意味着什么。你今天少完成了零件，少实现了利润，公司可以换个人、换个时间把它们弥补回来，可你一旦发生事故、失去健康乃至生命，那是公司永远都补偿不起的……”

离开公司那天，杰瑞流泪了，工作了几年时间，杰瑞有过风光，也有过不尽如人意的地方，但公司从没有人对他说不行。可这一次不同，杰瑞知道，这次是触犯了公司的灵魂。在管理实践中，管理者必须高度警觉那些看起来是个别的、轻微的，但触犯了公司核心价值的“小的过错”，一旦发现就应该坚持严格依法管理。“千里之堤，溃于蚁穴”。不及时修好第一扇被打碎玻璃的窗户，就可能会带来无法弥补的损失。

从“破窗效应”中，我们可以得到这样一个道理：任何一种不良现象的存在，都在传递着一种信息，这种信息会导致不良现象无限扩展，同时必须高度警觉那些看起来是偶然的、个别的、轻微的“过错”，如果对这种行为不闻不问、熟视无睹、反应迟钝或纠正不力，就会纵容更多的人“去打烂更多的窗户玻璃”，就极有可能演变成“千里之堤，溃于蚁穴”的恶果。因此，不能像往常一样纵容不良现象存在，及时纠正才能防患于未然。

海盗分金：动态博弈指导着现代人的分配行为

海盗，是一帮亡命之徒，在海上抢人钱财、夺人性命，干的是刀口上舔血的营生。

然而很少有人知道，海盗组织是有一套内部规则的团体。参加海盗的都是桀骜不驯的汉子，富有独立精神。

I·Stewart 在《科学美国人》杂志上发表的文章《凶残海盗的逻辑》中写了这样一个故事。话说 5 个强盗抢来了 100 枚金币，大家决定分赃的方式是：先由最凶残的海盗提出分配方案，然后由大家一人一票表决，如果有 50% 或以上的海盗同意这个方案，那么就以此方案分配；如果同意此方案的人数少于 50%，那么这个提出方案的海盗就将被丢到海里去喂鱼，然后由剩下的海盗中最凶残的海盗再提出其他分配方案，依此类推。

我们假设这些海盗都绝顶聪明，也不相互合作，并且每个海盗都想尽可能多地得到金币。那么第一个海盗将怎样提议才能既可以使其他海盗同意他的方案又可以最大限度地得到金币呢？

要解决“海盗分金”问题，我们总是从最后的情形向前推，这样我们就知道在最后这一步中什么是好的和坏的策略。然后运用最后一步的结果，得到倒数第二步的策略选择，依此类推。要是直接从第一步入手解决问题，我们就很容易因这样的问题而陷入思维僵局：“要是我做这样的决定，下面一个海盗会怎么做？”

以这个思路，首先我们考虑只剩下最后的海盗五，显然他会分给自己

100 枚，并赞成自己。再回溯到只剩下海盗四和海盗五的决策，海盗四可以分给自己 100 枚并赞成自己；海盗五被分得 0 枚，即使反对也没用。回到海盗三，他可以分给海盗五 1 枚得到海盗五的同意；分给自己 99 枚，自己也同意；分给海盗四 0 枚，海盗四反对无用。接下来回到海盗二，海盗二可以分给海盗四 1 枚得到海盗四的同意；分给自己 99 枚，自己也同意；分给海盗三和海盗五 0 枚，他们会反对但反对没用。最后我们回到海盗一，他可以分给海盗三和海盗五各 1 枚，获得海盗三和海盗五的同意；分给自己 98 枚，自己也同意；分给海盗二和海盗四各 0 枚，他们反对也不起作用。

因此，海盗分金的最终结果是：海盗一提出分给自己 98 枚，分给海盗二和海盗四各 0 枚，分给海盗三和海盗五各 1 枚。该提议获得了通过，因为海盗一、海盗三和海盗五同意。海盗一在此前提下分到了最多的金币。

在前面的故事中，我们涉及的都是静态博弈，也就是说博弈双方是同时行动的。而现实中，博弈常常是动态的、依次行动的，这就要求我们必须考虑人们在将来对我们行动的反应。“海盗分金”就是一个典型的动态博弈。

我们再来看一个逆向归纳的例子——最后通牒博弈。

话说路人甲在半路上拾到 100 元钱，这事正好也被路人乙看到了。见者有份，于是两人决定分配这笔钱。我们极端地假设他们的谈判只能进行一个回合，即由路人甲提出分给路人乙多少钱，然后路人乙表示接受或不接受，如果接受就按照提议分，如果不接受那么大家只好把这 100 元交到警察局，谁都得不到。

那么路人甲是怎么分的呢？大家不妨先自己想想。

事实上，这个最后通牒博弈是“海盗分金”的简化，相当于两个海盗在分钱。提示到这，聪明的读者您明白了吗？

不过，在现实生活中，博弈论和实验经济学专家围绕最后通牒博弈做了大量实验。这个实验最早在德国进行，后来又在美国、欧洲、以色列、日本、东南亚、俄罗斯等国家和地区进行，结果大致是：提出较公平的分配方案（给对方 40% ~50%）的人，占受试者的 40% ~60%，其中以对半分居多；20% ~30% 的人提出非常不公平的分配方案（分给对方低于 30%），但是这些不公平的提议，总是以很高的概率被对方拒绝。人们也曾认为，这可能是由于所分配的金额差距太大所致。但后来，2002 年诺贝尔经济学奖得主弗农·史密斯以每次 100 美元作为实验金额对 50 个受试者进行实验，Lisa A · Cameron 在印尼以每次 5 000 卢比、40000 卢比以及 200000 卢比（200000 卢比相当于受试者 3 个月的工资）作为实验金额进行实验，得到的结果仍然支持了公平法则。这可能说明了人们在现实中的决策并不单单考虑经济上的动机，也会考虑对方行为的目的。人类有知恩图报、以牙还牙的心理，对于那些善待我们的人，我们常常愿意牺牲自己的利益去给予回报，对于那些恶待我们的人，我们也常常愿意牺牲自己的利益去报复。在这样的一些动机下，不太平等的分配被拒绝是正常的。

目前现代博弈论实际上已存在两种方法论，这种基于心理、行为的观点来解释所观察到的现实博弈行为的理论被称为“描述性博弈论”；而我们一直假设人们极端聪明、理性，并且在关注经济利益的情况下来推导人类行为的极端复杂的后果，这一套博弈被称作“标准的博弈论”。

爱情中也可用到博弈

人的一生，从约会、恋爱、结婚到相守一生，处处充满了博弈。学会分析其中的博弈之道，也许就能对自己的爱情有更深的了解。那么我们就先从约会开始吧。

大家也许还记得美国电影《美丽心灵》的一个情节：一天，纳什和同学一起去酒吧喝酒，他们看到一个漂亮的金发女郎，男同学们开始讨论是追求还是不追求她的问题。这激发了纳什的灵感，并引出了著名的“金发女郎”问题：酒吧里有两个以上男性，又有多个魅力十足的女士，但只有一个金发女郎；相对于其他女士，男士们更喜欢金发女郎。但是如果所有男士都去追求金发女郎，他们不仅会遭到拒绝，还将惹恼其他女士，结果是所有男士都找不到女伴，这是最坏的结果。纳什因此提出建议：所有男士都应该忘掉金发女郎，追求其他女士，这样男士们都不会空手而归。

纳什的这一建议并非最优，因为大家都没有追求到金发女郎，没有得到首选目标，大家都不会对此结果满意。但是如果大家都冒险追求金发女郎，结果只会面临更大的风险。这可以用来解释现在社会出现的“剩女”问题：女士越漂亮，追求她的男士就会越多，每位男士都认为会有很多的人去追求这位漂亮的美女，因此被拒绝的概率很大，结果反而会空手而归，不如退而求其次，追求把握更大的女士。

此外，关于恋爱博弈还有著名的“麦穗理论”。

“麦穗理论”来源于这样一个故事。古希腊哲学导师苏格拉底的三个弟子曾求教老师，怎样才能找到理想的伴侣。苏格拉底没有直接回答，却让他们走麦田埂，只许前进，且仅给每人一次选摘一支最最大麦穗的机会。第一个弟子刚走几步就看见一支又大又漂亮的麦穗，高兴地摘下了。但是他继续前进时，发现前面有许多麦穗比他摘的那支大，只得遗憾地走完了全程。第二个弟子吸取了教训，每当他要摘时，总是提醒自己，前面还有更好的。但当他快到终点时才发现，机会全错过了。第三个弟子吸取了前两位的教训，当他走到三分之一时，即分出大、中、小三类，再走三分之一时验证是否正确，等到最后三分之一时，他选择了属于大类中的一支美丽的麦穗。虽然这不一定是最大、最美的那一支，但他满意地走完了全程。

将这个故事转换为恋爱博弈，可以说寻找伴侣时如同走进了一个麦田，一路有麦穗向我们招手，很多人不知道摘取哪一支，因而就会有踌躇与彷徨、遗憾与悲伤。而正常人再花心，他或她也得选择一支来陪伴自己的人生旅程。当然并不排除有极少数人会在短短的一生里一换再换。对于一个人来说，在众多的追求者中选择最合适的异性，这是关乎终生幸福的大事。因此，选择约会对象至关重要。

我们不妨假设有20个优秀的单身男子都有意追求某个女孩，这个女孩的任务就是，从他们当中挑选出最好的一位作为结婚对象。从这20个人里面选出最好的一个并非易事，该怎么做?

很明显，最好的方法是和这20个人都接触一遍，了解每个人的情况，经过对比筛选，找出那个最适合的（当然并不一定是最优秀的）人。然而在现实生活中，一个人的精力是有限的，不可能花大把大把的时间去和每个人都交往。不妨假定更加严格的条件：每个人只能约会一次，而且只能一次性选择放弃或接受，一旦选中结婚对象，就没有机会再约会别人。那么最好的选择方法存不存在呢？事实上是存在的。好的方法可以增加达到目标的机会，当然不能否认还有运气的成分。不如我们就来模拟实战一下。显然，你不应该选择第一个遇到的人，因为他是最适合者的几率只有1/20。这个几率可以说是非常的渺茫，直接把筹码放在第一个人身上，也是最糟的赌注。同样的，后面的人情况都相同，每个人都只有1/20的几率。可以将所有的追求者分组（比如分成5组，每组4人），首先从第一组中开始选择，女孩可以与第一组中的每一个男性都约会，但并不选择第一组中的男性，即使他再优秀、再完美都要选择放弃。因为，最合适的对象在第一组中存在的几率不过1/5。如果以后遇到比这组人更好的对象，就嫁给这个人。在现实生活中，人们往往就是这么进行选择的，通过总结从前恋爱的经验与心得体会，作为评估后来者的基础。

当然这种方法就像“麦穗理论”一样，它并不能保证选择出的是最饱满最美丽的麦穗，但却能选择出属于最大中的比较美丽的麦穗。

寻找到合适的约会对象后，接下来的恋爱过程，一般都是重复博弈的过程，因此恋人有无数次的机会做到“以其人之道，还治其人之身”。那么，在这个重复博弈的过程中，谁将是情场上的赢家呢？将在博弈中获胜呢？

根据美国密西根大学的罗伯特·爱克斯罗德教授的试验，胜利也总是属于那些善意的、宽容的、强硬的、简单明了的恋人们。反之，恶意的、尖刻的、软弱的、复杂的恋人们往往才会败北。所以，获得幸福爱情的博弈原则应该是：

（1）善意而不是恶意地对待恋人。

（2）宽容而不是尖刻地对待恋人。幸福的恋人可能并不是忠贞不贰的，当然也肯定不是见异思迁的，他们能够生活得愉快，关键是能够彼此宽容，既宽容对方的缺点，甚至也宽容他偶尔的不忠贞。而尖刻地对待恋人的人，对恋人的偶尔不忠贞总是不肯宽容的人，往往都不会幸福.

（3）强硬而不是软弱地对待恋人。就是要在我永远爱你的善意的前提下，做到有爱必报，有恨也必报，以眼还眼、以牙还牙，以其人之道，还治其人之身。这其中，当然是要有限度和分寸的。比如对恋人与其他异性的亲热行为，要有极其强烈的敏感与斩钉截铁地回报，当然，每次发脾气都是有限度的，而且还要能宽容对方。

（4）简单明了而不是山环水绕地对待恋人。爱克斯罗德的实验证明，在博弈过程中，过分复杂的策略会使对手难以理解，无所适从，因而难以建立稳定的合作关系。事实上，“城府很深”、“兵不厌诈”、“揣着明白装糊涂”往往并非上策。相反，明晰的个性、简练的作风和坦诚的态度倒是制胜的要诀。要让恋人明白你说的是什么，切忌让对方猜来猜去，造成误会。因为不简单明了地对待恋人最终导致误会而分手的爱情悲剧并不少见。所以，爱情的手段，还是简单一点好，让恋人一看就明白，免去了很多猜谜的时间。

婚姻的经营也是一门有趣的学问。如果双方都不变心，那是最好的结局，在天愿为比翼鸟，在地愿为连理枝；如果都变了心，结果也不坏，你走你的阳关道，我过我的独木桥；如果其中一方变了心，并且找到了更好的情侣，另一方却还傻乎乎地忠贞不贰，那么，另觅新欢的一方是最幸福的，比两人都不变心的结果还幸福，因为他找到了更好的情人，而被抛弃的一方是最不幸的，比两人都变心的结果更不幸，因为他承担的压力既来自于对方的太幸福，也来自于自己的太不幸福。这很类似于囚徒困境。按照囚徒困境的分析结论，恋人最得意的选择是另觅新欢，最天真的选择是天荒地老，最理性的选择是分道扬镳，最糟糕的选择是被另有新欢的对方无情抛弃。问题是，最得意的结局过于缺德，最天真的结局过于虚幻，最理性的结局过于残酷，最糟糕的结局又让一方过于心痛。

然而，生活中恋爱成功的人并不少见，厮守一生一世的人也不少见，不能说他们都是勉强的。存在于现实中的幸福的爱情生活，也可以从博弈论中找到答案。这应该感谢美国密西根大学的罗伯特·爱克斯罗德。他组织过一场计算机竞赛的试验。竞赛的思路非常简单：任何想参加这个计算机竞赛的人都扮演“囚徒困境”案例中的一个囚犯的角色，他们开始玩

"囚徒困境"的游戏，每个人都要在合作与背叛之间做出选择。关键问题在于，他们不只玩一遍这个游戏，而是一遍又一遍地玩上200次，这就是所谓的"重复的囚徒困境"。于是，这就更逼真地反映了日常人际关系。这又是一个值得注意的条件，最简单的囚徒困境模型说的是一次性博弈，正是这一点加剧了囚徒做出坦白的决心。这正像互不相识的一对男女，偶尔在旅游中相遇，接着在宾馆里春梦一场，第二天就各自扬长而去，谁也不会忠于谁，彼此也不会为对方今后的不忠实而有任何不快，原因就在于这是一次性的博弈（一次性的"博弈"和一次"性的博弈"）。

可是，如果男女双方互相认识，且今后还要常常碰面，那么他们彼此的忠心就会有不同程度地增加，原因在于他们还有机会重复博弈。试验的结果使爱克斯罗德大为吃惊，因为竞赛的冠军获得者所采取的策略一点都不高深，而是非常简单：一报还一报。正如中国古话所说"以其人之道，还治其人之身"。

非胜即负的零和博弈

零和博弈，是博弈论中的一个重要概念，意思是双方博弈，一方得益必然意味着另一方吃亏，一方得益多少，另一方就吃亏多少。之所以称为“零和”，是因为将胜负双方的“得”与“失”相加，总数为零。在零和博弈中，双方是没有合作机会的。

“零和游戏”就是：游戏者有输有赢，游戏参与各方的得失总和为零。在一般情况下，玩者中总有一个赢，一个输，如果获胜算为1分，而输为-1分，那么，这2人得分之和就是：1+(-1)=0。这就像几个人打牌一样，有赢家也有输家，但是输赢各自的总和是相等的。

零和博弈属于非合作博弈，是指博弈中甲方的收益，必然是乙方的损失，即各博弈方得益之和为零。在零和博弈中各博弈方决策时都以自己的最大利益为目标，结果是既无法实现集体的最大利益，也无法实现个体的最大利益。除非在各博弈方中存在可信性的承诺或可执行的惩罚作保证，否则各博弈方中难以存在合作，下面我们来看零和博弈中的一个例子。

在一个月光如水的晚上，狐狸到一口水井前觅食，看见井底月亮的影子，他以为是一块美味的蛋糕。饥饿的狐狸喜出望外，就跨进一只吊桶下到了井底，把与之相连的另一只吊桶升到了井口。到下面才发现这“蛋糕”不可以吃，聪明的狐狸知道自己犯了一个大错，如果不想办法上去处境将会十分不利。于是，他开始想办法。

三天过去了，还是没有任何动物光顾水井。第四天到来了，月光依然皎洁，狐狸正在唉声叹气的时候，一只口渴难耐的狼正好经过这里，狐狸不禁喜上眉梢。他急忙与狼打招呼，指着井底的月亮对狼说："你看到这个了吗？这可是好吃的蛋糕啊，这是家畜森林之神用神牛的奶做出来的。如果谁病了，只要尝一尝美味可口的食物，病痛就会全消。我已经吃了一半，剩下的那一半也够你吃一顿了。就委屈你钻到我特意为你准备好的桶里，再下到井里来吧。一般人我还不告诉它呢。"狐狸尽量把故事编得天衣无缝，这只狼果然种了奸计。狼下到井里，他的重量把狐狸升到了井口，这只狐狸终于得救了。

故事中，狐狸这种损人利己的行为即是零和博弈，也就是说它们的总收益是零，一个参与者的所得正是另一个参与者的所失，总收益没有增加。

零和博弈是以一方的损失为代价，来获取自己的利益。在现在合作共赢的社会中，许多看似零和博弈的对局，却往往可以通过协商来解决。

一天，一群年轻人在一家火锅城为朋友过生日，其中一个年轻人拿着自己已吃过了的蛋饺要求更换，由于火锅城有规定，吃过的东西是不能换的，所以遭到拒绝，双方因此发生冲突，打了起来。

最后，火锅城因人多势众打败了那几个青年人，可以说博弈的结果是火锅城的一方赢了，而实质上，他们真的赢了吗？从长远利益来看，他们并没有赢。这就是人际关系的"零和博弈"，这种赢方的所得与输方的所失相同，两者相加正负相抵，和数正好为零，也就是说，他们的胜利是建立在失败方的辛酸和苦涩上的，那么，他们也将为此付出代价。还以此为例，虽然火锅城一方的人赢了，但从实际出发，不是从单一的因素出发，而是要从复杂的全面的实际出发，不难发现，火锅城的生意也会因此造成影响，传出去就会变成"这家店的服务真差劲，店员竟敢打顾客，以后再也不来这里了"，"听说没有，这家店的人把顾客打得可不轻啊，以后还是少来这里了"，"什么店，还敢打人，做得肯定不怎么样"，等等。

其实，商家之间也存在博弈，而博弈的结果，往往让人难以接受，因为它也是一种一方吃掉另一方的零和博弈。

例如，有甲乙两个企业，它们生产的是同一种商品。一天，来了一个客商，他要大量采购这种商品，本来商家是想跟甲企业谈的，而乙企业一听说商家的需求量就产生了把这个客商拉过来的想法，通过运用一些手段，最终乙企业得到了客商的订货单。

可以说，这是典型的一方吃掉另一方的零和博弈。在企业之间，这样的现象是很普遍的。由此造成企业之间的恶性竞争，最终给企业带来毁灭性的打击。

在现实中，像这种损人利己的行为很多，这样的行为其实是造成市场无序的根源。因此大家不能总想着自身的利益，只有企业之间建立合理的竞争与合作机制才是企业发展的良好途径。

互得实惠的正和博弈

正和博弈是双方都得实惠的一种博弈，即我们通常所说的“双赢”。正和博弈是双方或多方为了谋求利益的最大化，甚至为了共同利益的最大化，不惜牺牲个人的利益。贸易与双方合作就是典型的正和博弈。说白了，贸易与合作就是一个双方妥协的过程，每个合作伙伴正是放弃了谋求个人利益的最大化，才有可能合作成功。

在当今市场条件下，企业能否取得成功，取决于其拥有资源的多少，或者说整合资源的能力。任何一个企业都不可能具备所有资源，但是可以通过联盟、合作、参与等方式使他人的资源变成自己的资源，从而提高竞争能力。

蒙牛酸酸乳是“蒙牛”旗下的一个子品牌，与传统牛奶产品主要定位于家庭不同，蒙牛酸酸乳品牌的目标定位于年轻而有活力的人群，其中年轻女性是非常重要的目标人群。为了区别以往的传统消费者，强化品牌的独特定位及个性，必须吸引这些年轻消费者的注意，在蒙牛酸酸乳品牌内涵中加入一些“年轻”、“活力”的元素。而这个市场定位正好与湖南卫视“超级女声”这档节目的形象相吻合。

在与湖南卫视“超级女声”的合作中，蒙牛酸酸乳改变单纯冠名的传统合作方式，而是更深入地与“超级女声”形成栏目——产品的联动，进行了全方位的整合营销，使超级女声和蒙牛酸酸乳紧密地连接在一起。

（1）“蒙牛酸酸乳”起用2004年超级女声第三名张含韵作为产品代言人。张含韵形象健康清新，非常契合“蒙牛酸酸乳”的形象。张含韵在参加“超级女声”活动之前，是一位来自四川德阳16岁的普通女生，但通过“超级女声”选秀及为“蒙牛酸酸乳”代言后，她迅速获得大众喜爱，出版了自己的专辑，成为乐坛关注的焦点。

（2）“蒙牛”集团特别为张含韵量身定做了主题曲《酸酸甜甜就是我》，这首歌活泼欢快，非常契合张含韵的自身特质，因此很快打入各大音乐排行榜热门单曲，这首歌在一搜音乐排行榜飙升榜首、百度新歌TOP100位居前列。随着“酸酸甜甜就是我”在年轻人圈子中渐渐流行，蒙牛酸酸乳也随之深入人心。

（3）“酸酸甜甜就是我！”是“蒙牛酸酸乳”的广告语。作为整合营销传播“speak with one voice”中的“one voice”，既符合蒙牛酸酸乳“酸酸甜甜”的产品特质，又符合新一代女生敢于展示自信的我，享受过程的酸酸甜甜的态度，同时也符合“超级女声”活动的特性。

（4）“蒙牛酸酸乳”把销售系统和媒介系统进行了一次完美的整合。从产品的包装、售点的宣传单页、和媒介宣传步调一致，把消费者的关注度集中到一点，消费者去超市购买“蒙牛酸酸乳”产品一定会想到湖南卫视“蒙牛酸酸乳超级女声”活动，想到张含韵这个“超级女声”的代言人。

（5）利用在30多个城市路演的形式，将路演的优秀选手送到主场区参加比赛，随后又在全国200多个城市举办400场路演宣传超级女声，通过路演突破“蒙牛酸酸乳超级女声”五大唱区的地域性，将“超级女声”的影响力真正地扩展到全中国。

（6）活动与产品销售进行结合，在5～8月又规划及执行了“蒙牛酸酸乳超级女声夏令营的活动”，购买蒙牛酸酸乳就可以到长沙观看“超级女声”全国总决赛的活动，在9～12月规划并正在执行蒙牛酸酸乳“有酸就有甜，有梦就能圆”的主题活动，购买产品就有机会参加训练营活动。

根据CTR数据显示，2005年5月份蒙牛酸酸乳品牌已位居乳饮料行业第一，并且获得“2005年中国建设十大营销案例”及“2005年中国艾菲（EFFIE）奖日用品金奖”等殊荣，并在行业及消费者中引起了广泛的关注，借助对酸酸乳产品的成功宣传，“蒙牛”公司的整体企业形象也上了一个台阶。

“超级女声”这档节目由于获得蒙牛的大量赞助，品牌价值得到了提升，“超级女声”白天时段收视份额最高值突破10%。除收“蒙牛”冠名2800万元外，由于“超级女声”带来的品牌效应，湖南卫视整个白天时段的广告报价都得到了提升，另外短信收入、广告收入都呈增长趋势。

企业通过这种良好的正和博弈，强调双方的优势互补，强强联合。通过大家的共同推动，获得更大的品牌效益和经济利益。

两败俱伤的负和博弈

负和博弈，是指双方冲突和斗争的结果，是所得小于所失，就是我们通常所说的其结果的总和为负数，是一种两败俱伤的博弈，结果双方都有不同程度的损失。

例如，在生活中，兄弟姐妹之间争抢东西，其结果就很容易形成这种两败俱伤的负和博弈。一对双胞胎姐妹，妈妈给她们俩人买了两个玩具，一个是金发碧眼、穿着民族服装的捷克娃娃，一个是会自动跑的玩具越野车。姐妹俩人同时都喜欢上了捷克娃娃，而都讨厌那个越野车玩具。她们一致认为，越野车这类玩具是男孩子玩的，所以，她们两个人都想独占那个可爱的娃娃。于是矛盾便出现了，姐姐想要这个娃娃，妹妹偏不让；妹妹想独占这个娃娃，姐姐偏不同意。于是，干脆把玩具撕掉，谁都别想要。

这种情况在我们的生活中会经常出现。在相处过程中，交往双方为了各自的利益或占有欲，不能达成相互间的统一，由此产生冲突和矛盾，最终使交往的双方都从中受到损失，“博弈论”把这种情况叫“负和博弈”。如上面所举的例子，姐妹俩互不让步，最后，干脆撕掉了玩具娃娃，谁都没有得到。这样造成的后果是：其中一方的心理不能得到满足，另一方的感情也有疙瘩，可以说，对双方而言都受到了损失；双方的愿望都没有实现，剩下的也只能是姐妹关系的不和或冷战，从而对姐妹间的感情造成不良的影响。

小王是一家公司的业务员，他为公司辛苦工作了一年，按原定计划，年终结算时，他可以拿到3万块钱的销售提成，小王美滋滋地盘算着，这下可热热闹闹地过个好年了。当他要求公司兑现时，却发现老板支支吾吾，一会儿说公司资金周转困难，一会儿说提成比例的百分点算错了，始终不愿马上兑现给小王。

刚巧，在这时，公司让他去收一笔货款，差不多也就3万块。小王心想，既然老板不给他钱，一不做二不休，把钱收了，拒而不交。于是，他和老板由原来的争吵，最后双双动起了拳头，并闹到了派出所。最后的情况可想而知，小王因私自侵吞公司的货款，按照有关法律条例，被法院判了有期徒刑，而这位说话不算数的老板，也让客户和他的员工纷纷敬而远之，公司的生意从此一落千丈，很快就倒闭了。

真可谓，言而无信，两败俱伤。本来一个好好的公司，因为老板的失信和业务人员对法律的无知，区区3万块钱，造成这样的后果实在是可惜。在生活中，我们经常听到这样的话，“我得不到的东西，你也休想得到。”通过这种谁也得不到的负和博弈，仿佛双方的心理才得到了平衡。

其实，很多事情是可以通过协商解决的，如上面所举的捷克娃娃事件，姐妹俩完全可以协商解决，比如，既然两人都喜欢，可以一起玩，把它当成公共财产，也可以先让姐姐玩几天，再让妹妹玩几天，而不至于把娃娃撕了。当然像业务员小王的提成问题，是自己的就应该去争取，但要通过合法途径来解决。

企业在经营过程中一定要避免负和博弈的出现，总是维护自己的利益是不行的，不然企业将会走上自我毁灭的道路。

聚点均衡的结果

欧·亨利的小说《麦琪的礼物》描述了这样一个爱情故事：新婚不久的妻子和丈夫，很是穷困潦倒。除了妻子那一头美丽的金色长发和丈夫那一只祖传的金怀表，便再也没有什么东西可以让他们引以为傲了。虽然生活很累很苦，他们却彼此相爱至深，每个人关心对方都胜过关心自己。为了促进对方的利益，他们愿意奉献和牺牲自己的一切。

第二天就是圣诞节了，小两口都是身无余钱。为了让爱人过得好一点，他们还是想悄悄给对方准备一份礼物。丈夫卖掉了心爱的怀表，买了一套漂亮发卡，去配妻子那一头金色长发。妻子剪掉心爱的长发，拿去卖钱，为丈夫的怀表买了表链和表袋。

到了交换礼物的时刻，他们却无可奈何地发现，自己如此珍视的东西，对方已作为礼物的代价而出卖了。用惨痛代价换回的东西，竟成了无用之物。出于无私爱心的利他主义行为，结果却使得双方的利益共同受损。

欧·亨利在小说中写道："聪明的人送礼自然也聪明。大约都是用自己有余的事物，来交换送礼的好处。然而，我讲得这个平平淡淡的故事里，两个住公寓的傻孩子，却是笨到极点，彼此为了对方，白白牺牲了他们屋檐下最珍贵的财富。"

我们会被这感人的爱情故事深深打动，也许在别人看来，他们丢掉了最珍贵的财富，可是在他们看来，对彼此的爱才是最珍贵的。且让我们暂时抛开爱情，从利益的角度来解读这个故事。

我们可以把这个故事变成一个博弈模型。如果丈夫卖了表而妻子剪了发，则他们买的礼物对对方都没有价值，他们各自得到的效用为0；如果丈夫不卖表而妻子不剪发，则他们都没有钱买礼物送给对方，各自得到的效用仍为0；如果丈夫卖表而妻子不剪发，或者丈夫不卖表而妻子剪发，则他们中有一方可买礼物送给对方，因为他们如此相爱，送礼方可得到2个单位效用，受礼方可得到1个单位效用。

那么这个博弈的稳定结果是什么呢？出乎我们的意料，这个博弈的结果是不止一个均衡。最优的反应是丈夫不卖表、妻子剪发和丈夫卖表、妻子不剪发。

讲到这，您可能会说多重均衡降低了博弈的解释力。因为一方面我们无法知道哪个均衡会出现，另一方面我们会发现现实中真正出现的结果还有可能根本就不是均衡结果，如麦琪的礼物。

事实上，非数理博弈论专家托马斯·谢林认为，在现实生活中，博弈参与人可以使用某些博弈模型中未涉及的信息来达到一个聚点均衡。所谓“聚点”，指的是博弈双方根据自身的文化和经验得出一个结果，而这个结果一般是大家都容易想到、习惯选择的结果。

如果博弈重复多次，则过去的历史常常就规定了聚点之所在。在大学课堂上课，人数不多，座位倒不少，大家上课的座位本来是不固定的，但是大家在第一次上课时所坐的位置，基本上就会在这个学期保持不变。因为每次上课，大家就会习惯性地坐在上次坐过的位置上，这种座位配置也如同产生了聚点一样。新婚夫妇的家务分担博弈也是如此，在婚姻初期谁做家务做得多，那就意味着可能这辈子他或者她都会做更多的家务，这也是一个聚点。

在某些博弈中，如果博弈双方能够低成本进行交流磋商，也可以出现唯一的均衡。像麦琪的礼物中，如果丈夫对妻子讲会送她一套发卡（当然，事先告诉她就没浪漫可言了），那么唯一的结果就是丈夫卖表，妻子不剪头发。

第七章

公共经济学和你想的不一样

跑不赢刘翔，一定要跑赢“CPI”

普通的民众一般都会讨厌CPI的上涨，因为这意味着东西越来越贵了，钱越来越不值钱了。很多人明白这件事情，但是不知道CPI为何物。那么CPI到底是什么呢?

CPI是消费者物价指数的英文简称，它是反映与居民生活有关的产品及劳务价格统计出来的物价变动指标，通常用来观察通货膨胀水平。计算公式为CPI=（一组固定商品按当期价格计算的价值/一组固定商品按基期价格计算的价值）×100。

国家也很关注这个指数的变化，这是宏观调控所需考虑的重要因素之一。一般认为，CPI在0%～3%以内小范围地、稳定地浮动，经济运行就处于比较稳定健康的阶段。在没有大的冲击，如金融危机、石油价格暴涨等因素的影响下，CPI的变动一般不会大起大落。

CPI指数是由一揽子商品的价格决定的，这些商品一般都和居民的生活息息相关，这也是选取一揽子商品的标准。比如说我国的CPI篮子中肉禽制品的比重就高达8%，因此肉类价格的涨跌对CPI有很强的引领作用。

2007年，我国猪肉价格迅速上涨，平均价格从年初的每斤8元一直涨到年末的每斤13元左右。仅以2008年2月为例，猪肉价格该月同比上涨63.4%，直接导致的后果是当月CPI指数猛涨了8.7%，创近年新高。

这一涨不要紧，很多人看到这个价格的第一反应就是养猪。2007年末，大批农民工从城里返家，其中一些人就在村里重新当起了“养猪倌”。同时，在2008年初，70%～80%的养殖大户扩大了养猪场规模。其实猪肉涨价的原因可不是猪养得太少了那么简单，当时主要是因为农产品价格大幅上涨导致饲料价格上涨，养殖成本上升；猪蓝耳病的突发疫情；以及春节前后的猪肉需求量突增等原因。因此，到了2008年下半年，猪肉的供给逐渐大于需求。仅2009年2月，猪肉的消费价格就跌了18%，CPI同比下降1．6%，至此，猪肉价格跟高峰时期相比已经跌去了一半。再加上两个月后流行的猪流感，虽然该病事实上与猪没啥关系，可是还是使猪肉价格一阵狂跌。那些养猪人士纷纷亏本，欲哭无泪。

当然，决定CPI运行的不仅仅是肉禽价格，毕竟肉禽也只占到8%的比例而已。市场整体的需求，周边经济的运行状况等都会影响到CPI指数的走向，这给央行货币政策的前瞻性提出了巨大的挑战。

至于，我们普通百姓应该怎样做才能不让CPI的上涨影响到我们的生活呢？其实，理财是个不错的手段。我们可以根据自己的实际情况选择适合自己的投资方式，用钱生钱的办法来抵消CPI上涨，从而使我们的生活水平不至于下降。

CPI与人民生活密切相关，它是央行考虑货币政策时的一项重要参考指标。同时，我们的经济生活也要随着CPI的上涨进行调整。

反映贫富生活的恩格尔系数

以前，人们见面的最常用问候语为“你吃了吗”，由此可见“吃”在当时人们生活中占有非常重要的地位。然而，随着社会的不断发展进步，“你吃了吗”的口头问候语已渐渐远离了我们的生活。这是因为“吃”对于大多数国人来说已不是最重要的事情，很少有人为吃不饱肚子而发愁了。人们有更多钱用于教育、健身、旅游、娱乐等事情上。我们来看一下王老师的家庭消费结构就会明白。

王老师是大学教师，每月工资收入约6000元，稿费等其他收入平均2000元；妻子正在读博士，没有固定收入；女儿上幼儿园。家庭总收入8000元。

每个月的支出：住房支出没有，因为王老师家现在住的房子由学校解决；吃饭花掉1000元，买书400元，订阅杂志报纸200元，购买唱片100元；去影院看电影两场200元；妻子购买化妆品和服装以及做美容等800元；去体育馆健身平均每月100元；夫妻两个还一起办了游泳卡每月100元；每周打两次网球，一个月消费300元；每月给孩子买书200元，玩具100元；孩子上幼儿园每月1000元。

这样算下来消费4500元，再加上一些临时出现的支出，每月总消费额在5000元左右。在这些消费开支中，吃饭只花掉了1000元，占总消费额20%。而教育、健身等消费占绝大多数。

“民以食为天”，吃是人们获得生存的首要条件，只有这一层次获得满足后，消费才会向其他方面扩展。因此，食品支出的比重从一个侧面反映了生活水平的高低。食品在王老师家庭消费中占很低的比例，这说明王老师的生活水平比较高。而这个食品在总消费中所占的比例就是恩格尔系数。

恩格尔系数是德国经济学家和统计学家恩格尔提出的衡量居民生活水平高低的计算方法。这个方法表明，随着居民收入的增加，耗费在食品上的支出比例就会减少。耗费在食品上的支出越少、数值越小，生活富裕程度就越高。这个系数的数值越小，表明在食品上的支出越少，生活水平越高。根据联合国粮农组织提出的标准，恩格尔系数超过59%为贫困，50%～59%为温饱，40%～50%为小康，30%～40%为富裕，低于30%为最富裕。

恩格尔系数一经提出，就得到西方经济学界的广泛接受和确认，认为它具有普遍的适用性。在我国也较早地就被应用在统计工作中。计算恩格尔系数一般是采用各地的城乡住户调查资料。如北京市统计局2007年4月10日发布调查数据：2006年北京市恩格尔系数为30.8%，比2005年下降1%，比1978年下降了27.9%。这个数据与30%的“富裕系数标准”还差0.8个百分点。恩格尔系数一路走低，表明北京城市居民的生活质量在不断提高，正在由小康向富裕迈进。

但是，恩格尔系数这个衡量指标并不是万能的，它有时会制造一些假象，出现失灵的情况。例如，在我国的一些贫穷地区，人们长期以来形成了“勒紧腰带过日子”的习惯。这种习惯会降低恩格尔系数，但人们的生活水平并没有提高。众所周知，在家庭收入不增加或增加十分有限时，家庭总支出规模基本不变，但由于诸如学费、电费、水费、医药费、燃气费等刚性支出的急剧增加，一个现实的选择就只能是压缩食品支出。这种情况在中国特别是西部落后地区尤其普遍，为了应付急速增长的学费、药费和房费等刚性开支，“省吃俭用”成为中国百姓的通常选择，与其说这是中国人的一种美德，不如说是一种无奈。正是这种无奈，直接导致收入与恩格尔系数“双低”现象的产生。此外，不同地区的消费习惯也影响恩格尔系数。“穿在上海，吃在广东”，是对上海和广东两地消费习惯的高度概括。广东的恩格尔系数较高，与这种历史上形成的消费习惯不无关系。恩格尔系数恰恰忽略了消费习惯的差异。

因此，在我国运用这一标准进行国际和城乡对比时，要考虑到那些不可比因素，如消费品价格比价不同、居民生活习惯的差异以及由社会经济制度不同所产生的特殊因素。对于这些不可比问题，在分析和比较时应做相应的剔除。

恩格尔系数是衡量人们生活水平的重要指标。它越小，说明人们的生活越富裕；它越大，说明人们的生活越贫穷。

帕累托最优

在日常生活中，我们总是期望对现有事物做出一些改变以达到自己利益的最大化。就像在排队时，插队的人通常希望通过这个改变让自己尽快结束排队；观看演出时，站起来的人期待通过这种方式看到更多的台上景象；修建庭院栅栏时，把栅栏向外多扩充一些的人期望用这种发式增加自家的草坪面积。但这些行为的结果却都会或多或少地侵犯其他人的个人利益。那么，有没有一个两全其美的办法让自我和他人同时都得到满足呢?

意大利经济学家维尔弗雷多·帕累托为我们提出了这样的法则来实现全社会的最优利益。具体阐述是这样的：如果可以找到一种资源配置的方法，在其他人境况没有改变的情况下使一些人的境况变得好一些，那么这就是帕累托改进，如果不存在任何改进了，那就是帕累托最优。

比如两个人同时要去楼下排队打水、打饭，如果两人各自行动，两个人都要花费排队打水和打饭的累加时间，但如果两人达成一项协议，一个人专门负责排队打水，一个人专门负责排队打饭，那么完成这两项工作的时间就变成了这其中一项行动所花费的时间，这样的结果是使两个人都受益，是一个比较生活化的帕累托最优的案例。

再比如说国际上的南北对话，南方国家大多拥有丰富的自然资源和廉价的劳动力，但缺乏资金和技术投入；而北方国家则恰恰相反。我们除去贸易剪刀差的因素，这两类国家的组合实现的是双向共赢，这样也就达到了帕累托关于资源配置最优的描述。但我们也会从中发现有很多东西并不是像我们想象的那样理想，就像南北合作的两个国家的共赢却存在很多隐性的不公平和利益不对等，所以我们只能期待做一些改进，让这些类似的事物大抵获得平衡，尽量实现共赢，基本实现最优。

帕累托最优强调的是在生活中不使任何人境况变坏的情况下，改进人们的处境，以期达到最优。

贷款容易还贷难:利率政策对生活的影响

在人们的传统观念中，向银行贷款比较难，而向银行还款非常容易。但是，现在却出现了这样的情况，贷款容易，还款难。

《工人日报》刊登了这样一件事：

穆先生在北京一家有名的 IT 公司工作，5 年前他的月收入是 2000 多元，现在的月收入是 6000 多元。3 年前他向银行贷款 30 万元，加上从家里凑的 10 多万元，在北京南三环附近买了一套 96 平方米的房子。当时的房价是每平方米 4600 元，穆先生每月拿出收入的一半，也就是 1000 元来还房贷。但就穆先生现在的收入水平而言，他可以每月还贷 3500 元，既能缩短还款期限，又可节省利息支出。

可让穆先生不明白的是，他向银行提出提前还贷的要求，银行怎么还不乐意呢?

其实，这里面牵扯到国家利率问题。利率又称利息率。表示一定时期内利息量与本金的比率，通常用百分比表示，按年计算则称为年利率。其计算公式是：利息率 = 利息量 ÷ 本金。

利率是经济学中一个重要的金融变量，几乎所有的金融现象、金融资产均与利率有着或多或少的联系。当前，世界各国频繁运用利率杠杆实施宏观调控，利率政策已成为各国中央银行调控货币供求，进而调控经济的主要手段。在萧条时期，降低利息率，扩大货币供应，刺激经济发展；在膨胀时期，提高利息率，减少货币供应，抑制经济的恶性发展。利率政策在中央银行货币政策中的地位越来越重要。

上例中出现的“贷款易，还贷难”的问题，就有深刻的经济背景。在2007年的时候，我国的通货膨胀问题非常突出，为了遏制膨胀，抑制经济过热，国家多次提高利率。对于贷款买房的消费者来说，无形中加重了利息负担。为了不多掏钱，他就会选择提前还贷。可对于银行来说，利率提高是好事，可以多收利息，而这时候消费者若提前还贷，它当然不愿意了，出现推三阻四的情况也就是必然的了。

利率是市场经济中最重要的变量之一，它的变化对人们的经济生活影响非常大。因此，我们也就有必要对利率作进一步的了解。利率到底会受到哪些因素的影响，也就是说，哪些因素会导致利率的变化？通常情况下，影响利率的因素大致有四种：

1. 货币政策

政府制定货币政策的目的就是为了促进经济稳定增长。控制货币供给和信贷规模，可以影响利率，进而调节经济增长。扩大货币供给，会导致利率下降，反之，则造成利率上升。

2. 财政政策

一个国家的财政政策对利率有较大的影响，通常而言，当财政支出大于财政收入时，政府会在公开市场上借贷，以此来弥补财政收入的不足，这也将导致利率上升。而扩张性的经济政策，往往扩大对信贷的需求，投资的进一步加热又会导致利率下降。

3. 通货膨胀

通货膨胀是指在信用货币条件下，国家发行过多的货币，过多的货币追求过少的商品，造成物价普遍上涨的一种现象。通货膨胀的成因比较复杂，因此，通货膨胀使得利率和货币供给之间的关系相对复杂。如果货币供给量的大幅增长不是通货膨胀引起的，那么利率可能不仅不下降，反而会上升，造成高利率现象，以弥补货币贬值带来的损失。因此，利率水平随着通货膨胀率的上升而上升，下降而下降。

4. 企业需求和家庭需求

企业对于信贷的需求往往成为信贷利率变化的“晴雨表”，每当经济步入复苏和高涨之际，企业对信贷需求增加，利率水平开始上扬和高涨，而经济发展停滞时，企业对信贷的需求也随之减少，于是，利率水平转趋下跌。家庭对信贷的需求也影响到利率的变化，当需求增加时，利率上升；需求减弱时，利率便下跌。

利率政策是宏观货币政策的主要措施，政府为了干预经济，可通过变动利息率的办法来间接达到目的。当经济过热、通货膨胀上涨时，便提高利率、收紧信贷；当过热的经济和通货膨胀得到控制时便会把利率适当调低。在我们日常的经济生活中要及时了解利息率的变化，以便使我们的经济生活更加完美。

公共产品的维护需要一个良好的机制

公共产品是指具有消费或使用上的非竞争性和受益上的非排他性的产品。公共产品具有两个基本特征：一是非竞争性，是指一部分人对某一产品的消费不会影响另一些人对该产品的消费，一些人从这一产品中受益不会影响其他人从这一产品中受益，受益对象之间不存在利益冲突。例如，国防保护了所有公民，其费用以及每一公民从中获得的好处不会因为某个家庭多生一个小孩或某人出国旅游而发生变化。二是非排他性，是指产品在消费过程中所产生的利益不能为某个人或某些人所专有，要将一些人排斥在消费过程之外，不让他们享受这一产品的利益是不可能的。例如，治理空气污染是一项能为人们带来好处的服务，它使所有人能够生活在新鲜的空气中，要让某些人不能享受到新鲜空气的好处是不可能的。可见公共产品是一个使我们每个人都能从中获益的事物。那是不是意味着所有的东西只要变成公共产品就是最好的呢？津巴布韦的大象会为您提供答案。

在津巴布韦，大象原本是属于全体公民的，村民们仅仅通过向观看大象的游客收取费用获得收入，但后来他们提出了一个新的保护大象的方法，把大象分给村民，并且允许向那些捕杀大象的猎人们收取费用。这个看起来更加残忍的方法却收到了很好的效果，自 20 世纪 70 年代中期津巴布韦实行这项政策开始，尽管允许捕猎，津巴布韦的大象数量却一直在上升，原因在于，大象属于村民后，村民会更加积极地为大象的生命着想，他们更加关心大象，积极地配合警察阻止那些企图偷盗象牙的捕猎者。大象的数目越多，村民从游客们那里收到的费用也就越多，保护属于村民自我私有财产的大象也就更加责无旁贷了。

津巴布韦的大象政策给我们一个启发，公共产品总是会给我们提供便利，使大家都能从中获利，但如果有一个更加明晰的产权制度来规范和合理使用它，那么公共产品被浪费或被过度使用的概率就会更小一些。就像相对于火车站来说，小区的公共环境卫生会更好一些：同样的公共环境，小区的居民会因为这个带有限定的公共环境而更加注意保护，而作为属于大家的火车站相比较而言则就没有那么幸运了。

生于忧患，死于安乐的青蛙效应

“温水煮青蛙”的故事相信大家都很熟悉，所以我就不再重复叙述了。它给我们的重要启示不在于故事本身，而在于故事之外。

当年解放战争胜利之后，毛主席告诫全党，要小心糖衣炮弹的袭击。糖衣炮弹因为有了糖衣的包裹，会容易让人变得麻木，让人在看不清事实真相的前提下接受炮弹，等糖衣消失的时候也就是炮弹爆炸的时候。

无论在生活中还是工作中，很多人没有长远的目光，认为只要现在舒适，管他以后会怎么样。而且人都是有惰性的，一旦让这种惰性成为习惯，生活就已经开始在用“温水煮青蛙”了。

有一位主管在一个企业里待久了，待遇提高了，职位提升了，舒服的工作环境已经像温水般麻痹了他的神经。所以当其他员工忙得不可开交的时候，他竟然可以在那里读报、玩游戏。一次，一位很能干的下属忙得四脚朝天的时候，这位主管却让他去排队复印三本书，那位下属说现在很忙，要等下班之后才能去，再说需要复印的书又不着急用。这位被煮得昏了头的上司竟然当着所有人的面和这位下属吵得不可开交，责骂他没有按照自己的意愿执行。这件事惊动了上级。由于部门联名上书，要求辞退这位主管，上级只好将这个在公司待了将近三年，也算是开国功臣的主管辞掉了。

之后，我和那位参与吵架的下属聊了一次，发现他说的很多事实非常值得人深思。在一个公司里，员工胆敢冒犯上司，这是任何一个公司都无法容忍的，但是，为什么吵架之后被开除的不是员工，而是主管呢？原因就在于，这位主管因为在公司里待久了，又仗着自己有元老的资历，很容易成为温水里煮着的青蛙。所有的任务都由下属包揽，他自己当然轻松到可以不把所有任务的重要性放在眼里。一个策划案交到他手里三天了，他竟然还没有交到总监那里，害得总监只好直接跑到策划部去问："这个案子是谁负责的，为什么还没有交上来？"负责这个案子的员工只好实话实说，总监的满肚子怒气可想而知。类似这样的事实在太多，总监已经容忍他很久了，只是没有找到合适的导火索。而这次吵架正好给了总监一个借刀杀人的机会。

任何事物达到一个高潮必然意味着一个低谷即将产生，职场如是，行业如是，社会规律亦如是。早年的医药保健品市场可以说是一个暴利市场，而消费者也直被虚假的医药保健品广告所蒙骗。但是，随着消费者的理性认识逐渐增强，这个行业还有多少暴利可牟？稍微有些市场警觉性的人意识到危机将至，就提前从温水中跳出来，免得死得很难看。但是，有些人虽然能感受到形势不对，但原来的安乐窝已经铺成了金碧辉煌的金窝窝，哪还舍得弃之而去！时间越久，这个金窝窝的价值就越低，等到金窝窝一文不值的时候，他也就只有等着饿死的份了。

盛极必衰，这是无可回避的自然规律，我们需要在日常生活中保持一定的警惕性，要具备对于生活细节的敏锐洞察力，这样才能避免在无意识状态下变成水煮青蛙。

青蛙效用告诉我们，生活中发生的突然变故有时候并不可怕，可怕的是那些潜移默化中逐渐影响我们的东西，它们在不知不觉中慢慢渗透到我们的生活之中，当你发觉的时候已经悔之晚矣，所以我们一定要见微知著，早早将各种不良的苗头扼杀在萌芽之中。

第八章

商家卖场经济学和你想的不一样

活学活用边际效用原理

在一个集贸市场里，刘小姐经营的水果店生意最好。人们都去她的店里买水果，而且大多是回头客。同样在此经营水果店的王先生感到非常困惑：我的水果质量不比她的差，价格也和她的一样，服务态度也很好，为什么我店的生意没有她的好？于是，王先生开始注意观察刘小姐的生意是怎么做的。过了一段时间，王先生终于发现了刘小姐经营的秘密。原来，刘小姐总是额外送顾客一些水果。比如，一位老大妈花了 15 元买了 5 斤苹果，刘小姐在给老大妈装苹果的时候，会从苹果筐里再额外拿起一个苹果送给她。这样，老大妈就会觉得自己占了便宜，以后还会再来刘小姐的水果店。

在这个小故事中，刘小姐的经营秘诀看起来简简单单，其实，里面蕴涵着一定的经济学知识。她充分地利用了边际效用原理。边际效用是一个经济学概念，物品都有效用，人们消费物品后获得效用。每多消费一个单位量的物品，人们都能多获得一些额外效用，这些额外效用就叫做边际效用。刘小姐给顾客的那个额外的苹果就是边际效用。

边际效用在应用的过程中，有一个递减的作用，叫做边际效用递减。比如，给一个很饿的人五碗饭，第一碗饭对他的价值很高，给他的快乐可能是 100 单位；吃第二碗饭时他已经不那么饿了，所以价值是 50 单位；到第三碗饭他已经差不多饱了，价值剩 10 单位；到了第四碗饭，价值是 0；第五碗饭的价值是负值，如果要他吃，还要给他钱才行。

边际效用基本上是越来越小的，包括钱也是。想想看，如果某人有一千元，他的第一个一百元，会去买对他来说最有价值的东西；第二个一百元，次之；第三个一百元，再次之。同样是10万元，对普通打工者的效用比对比尔·盖茨的效用大多了。因为普通打工者的10万元是第一个10万元，而比尔·盖茨的10万元是第N个10万元。

这种边际效用递减的原理广泛地存在于日常生活中。比如说对待工作，为什么新人的干劲十足，而过几年大家都意志消沉、尽显沧桑了？这就是因为如果一个人在一段时间以内一直做同样的工作，那么工作带给他的新鲜感和满足度是一直边际递减的。得不到新鲜感，对于大家来说是工作中最大的障碍，所以如果在长时间内一个人的工作得不到晋升或者变化的机会，那么他很有可能会因此而选择离职。这也不是没有解决的办法，我们看到，边际效用递减规律的前提是，在其他商品的消费数量保持不变的条件下才有这个规律，所以我们可以打破这个前提。这个变化可以是多方面的，比如，工作内容的变化，公司对员工关心度的加强，薪水的提高等。这也对每个公司的管理者有借鉴的意义，是不是你手下的员工很长一段时间都在做毫无挑战的工作？是不是他们已经很久没有感受到公司对他们的关心？如果是的话，这就需要管理者好好考虑一下了。

这种事例在我们的生活当中也是很常见的，春晚就是一个很好的例子。大约从20世纪的80年代初期开始，我国老百姓在过春节的年夜饭中增添了一道诱人的“美食”，那就是春节联欢晚会。记得1982年第1届春节联欢晚会，在当时娱乐事业尚不发达的我国引起了极大的轰动。晚会的节目成为全国老百姓在街头巷尾和茶余饭后津津乐道的题材。晚会年复一年地办下来了，投入的人力物力越来越大，技术效果越来越先进，场面设计越来越宏大，节目种类也越来越丰富。但不知从哪一年起，人们对春节联欢晚会的评价却越来越差了，春节联欢晚会成了一道众口难调的大菜。春晚本不该代人受过，问题其实与边际效用递减规律有关。在其他条件不变的前提下，当一个人在消费某种物品时，随着消费量的增加，他从中得到的效用是越来越少的。第一届春节联欢晚会让我们欢呼雀跃，但举办次数多了，由于刺激反应弱化，尽管节目本身的质量在整体提升，但人们对晚会节目的感觉却越来越差了。但是，相对于四年一次的世界杯来说，它的关注度，从来没有因为时间的推移变得索然无味，但是如果像锦标赛一样年年打，你还会看吗？

我国的“黄金周”旅游也是如此。近几年的“黄金周”的旅游业收入没有出现上世纪九十年代那种“井喷效应”了，当时一到黄金周，各地景点的游客都爆满，热点景区更是人满为患，但从近几年的统计数字上看黄金周的收入趋于平稳，增长幅度不大，这就是黄金周的边际效用在逐步递减。

总之，边际效用存在于生活的方方面面，我们就要尽量利用边际效用，采取相应的措施，以减少和阻止边际效用递减。

吉芬现象：为什么人们去买贵的东西

在日常生活中，许多人讲究“货比三家”。刘阿姨去菜市场买青菜，菜市场里有很多卖菜的商贩，刚进去就有一个小贩在吆喝：“多新鲜的青菜啊，才一块钱一斤。”刘阿姨一看，水灵灵的青菜确实很新鲜，价格也合理，就准备去挑选了。这时李阿姨走了过来，她把刘阿姨拉到一边说：“前边有跟这一样的青菜，才要8毛钱一斤，走，我带你去看看。”刘阿姨一听很高兴，就跟着李阿姨走了。

刘阿姨的做法想必大家早已司空见惯，这也是大多数老百姓的购物哲学，既然价格一样，谁不想买便宜的东西啊。但是，事情总有其特殊的一面。有时候，某种商品的价格如果上涨了，消费者对它的需求量却不降反升。听起来这似乎和商品需求规律是相悖的，但是在现实生活中确实存在着这种现象，我们将这样的商品称为“吉芬商品”。

“吉芬商品”是以英国经济学家吉芬的名字命名的。原来早在1845年，爱尔兰爆发了一次大饥荒，农产品的价格急剧上涨。令人奇怪的现象发生了——土豆、肉和奶酪的价格都已经很高，按常理讲，它们的消费量都应该降低，实际上肉和奶酪的情况确实如此，唯独土豆的销量却一反常态，大大增加。吉芬仔细研究了这种现象，他发现，由于土豆在当时爱尔兰人的生活支出中占有很大的份额，在大饥荒里生活大大恶化，人们为了生存，被迫大大减少了对肉和奶酪的消费，而把节约下来的钱花在相对而言还算便宜的土豆上。自此以后，人们就把这种价格上涨反而使得销量增加的商品称为“吉芬商品”。可以想象，如果刘阿姨身处这种特殊的情况时，面对土豆这样的吉芬商品，恐怕也顾不得什么“价廉物美”了。

其实，生活中的吉芬现象并不少见。最突出的就是这几年来的房市。房价涨得越来越高，而买房子的人却越来越多，许多没钱的人也在想方设法购买，借钱、按揭、攒钱……无不希望自己成为“有房一族”的美梦早日成真。在股市上也经常看到吉芬现象。当某一种股票持续上涨的时候，经常看到的局面便是人们争相抢购这种股票，以便能够赶上“牛市”多赚一笔。相反地，当一种股票的价格持续下跌的时候，购买它的人反而会很少，而拥有它的人也都希望尽快抛出，以便避开“熊市”。另外，日常生活中还有一种所谓的“雨伞现象”。刚下车的乘客突然遇到大雨，早有准备的小贩趁机推销自己的雨伞，而且价格明显超出平时。结果是价格虽然上涨了，雨伞却卖得很不错。

那么，归根结底，“吉芬商品”是不是违反一般的商品需求定律呢？需求定律的定义是“在其他条件不变时，需求价格与需求量呈反向变动关系”。这里需要指出它的前提，即“其他条件不变”。这个不变其实涵盖了关于需求的许多概念，如“需求弹性”和“供给弹性”。以上述“雨伞的需求量上升”为例，雨伞销量的上升，关键原因不是价格上涨，而是由于天空突降大雨，即“需求定律”的“其他条件”已经发生变化了。这时“需求弹性”急剧降低，对价格已经不再敏感。在这种情况下，只要价格还不是高得离谱，人们就会购买。试想如果雨并不是很大，人们可以赶到商店去购买的话，小贩们的高价雨伞自然就无人问津了。这一道理对于爱尔兰的饥民同样适用。土豆价格上涨而需求量反而上升，是因为人们收入所限只能去选择土豆。同时，在饥荒的压迫下，他们预期价格还会再涨，于是就去抢购。从这一点上说，“吉芬现象”并不等于推翻了需求定律。

其实，我们生活中存在很多这种现象，很多人都去过天安门，在天安门城楼里面有几家卖旅游纪念品的小商贩，他们卖的纪念品其实没有什么太大的特色，无非就是一些玉器、琉璃、纸扇、草帽等，在普通市场也能买得到，但是它们的售价却是不菲。就拿一个手链来说吧，普通市场上也就5元左右，但是在那里却要10元，而且还不还价，但是它的销量却很好。这是为何呢？原来，商贩们利用了人的一个心理，既然来了就要购买一些东西作为纪念，商贩们为游客在其选购的商品上免费刻上游客的姓名、天安门、北京等字样，给游客们留做纪念，这样的做法使得价格虽然上涨了，但是销量却不会降低。

价格歧视：同物不同价的缘由

有一次，李女士花了2000元买了一部最新款的时尚手机，她爱如至宝，一有空就拿在手上把玩。她为了买这部手机，花了整整两天时间跑了大半个城市的手机店，在反复比较价格、款式和功能后，才买到了这款自己称心如意的手机。

可是李女士去了一趟朋友家，先前的高兴劲儿就消失得全无影踪了。因为她那位朋友最近也买了一款同样的手机，才花了1100元，另外每月还赠15元话费，赠20个月，等于朋友的手机只有800元！原来李女士朋友的儿子今年上了大学，那款手机的经销商在他们学校进行助学活动，只要凭学生证购买就能享受到如此优惠。李女士朋友的儿子上学前才买了一部新手机，但又不想错过这个大好时机，就给他妈妈买了一部。

为什么同样一部手机在校园里和商场里的价格差别竟这么大呢？难道真是商家慈悲为怀，进行助学活动吗？企业的性质是赢利，是追求利润的最大化，其主要目的还是为了扩大市场，是提高利润的一种价格策略。这种价格策略在经济学上叫“价格歧视”，即出售完全相同的产品或提供完全相同的服务，却对不同的消费者收取不同的价钱。话说白了，也就是同样的东西，给不同的人卖不同的价钱。乍一看，还真有点让人费解，这不明明是在看人下菜碟吗？没错，商家就是在看人下菜碟，这种行为表面看来非常不合理，但只要运用得恰到好处，也能够达到使商家提高利润和令消费者满意的效果。

我们还是拿卖手机来分析。手机对学生来说需求弹性较大，学生一来经济不独立；二来手机价格决定了学生市场的需求量，如果价格过高，大部分学生会选择用低端机，这样商家会失掉很大市场，所以商家给学生的价位极低，这样看似以成本价甚至不足成本价卖给学生，却获得了更多的用户，实际上商家仍能获利。只要你买了手机，你就要打电话，产生话费，每月的话费将不是一个小数目。另外商家还实行了一些辅助策略，如每月赠送话费等，以刺激你多打电话。这样商家不仅扩大了市场，提高了利润，学生也从中得到了实惠。而对于像李女士这样的人，对手机的需求弹性相对较小，但对手机的功能要求很高，所以尽管价格高一些，她还是会买的。因此，商家就会在这两类消费者之间实行“价格歧视”，以赢得更大的市场份额，获得更大的利润。

在生活中，实行“价格歧视”的事例比比皆是。以前公园卖门票，有的地方对有本地身份证的卖低价，对外地来的游客卖高价；乘公交车，买了月票的老乘客与偶尔乘车的乘客所花的钱不一样；飞机票，寒暑假时对学生、教师实行优惠，只要你有学生证和教师的工作证即可；卖电脑的，卖给大学生的价格就比卖给公司职场的人便宜；用电，工商企业与老百姓的价格不同，白天与深夜的峰谷电价也不同；电影票，一般对少年儿童实行“半票”，看同样的电影，节假日的观众也要比平时的观众多付钱买票；有的舞厅为了使舞客在跳舞时可以成双配对，甚至只对男士卖票，女宾可以完全免费。

按普通人的心理，得了便宜的并不觉得特别高兴，而多付了钱的便会觉得很吃亏。所以，作为消费者，人们一般都反对商家的“价格歧视”，而要求公平待遇。

但“价格歧视”对商家来说却是有好处的，只要有可能，他就要实行“价格歧视”的定价策略。之所以对他有好处，是因为，每一个消费者都有不同的需求价格弹性，只要商家能够在市场上将他们有效地分割开来，例如由性别决定的男性市场、女性市场；由年龄决定的老年市场、中年市场、少年市场；由职业决定的白领市场、军人市场、学生市场等等，针对不同的市场，采用不同的营销策略，实行价格歧视就可以“捕获”更多的顾客，能够把各个消费阶层的顾客一网打尽，从而获取最大可能的利润。

消费者总是有区别的，每类顾客对商品价格的敏感程度是不同的，因此，为他们制定出不同的价格策略，这也可使他们都不放弃购买。

“价格歧视”的极致是实行“完全的差别价格”，它适合于那些一对一服务的行业，如律师、医生之类，因为他们的服务相互分离，他们的顾客也是各不相同。

当然，商家能够这样做的前提是，他能够把顾客加以准确地“识别”。因此，当一个独立行医的医生在病人家里给病人看病时总要问三问四，例如“平时你是不是经常到饭店吃饭呀?”“你经常喝什么酒呀?”“你经常进行健身活动吗？是否经常出去旅行?”不要以为他只是在关心你的饮食起居，其实他还在“侦察”你的经济实力，以便在报价的时候使他的“价格歧视”有所依据。看来商家实行价格歧视必须要合理地区分你所面对的市场的实际情况，根据你所面对的市场的外在表现，来进行定价，这样才能更好地扩大经济效益。

商家锁定目标消费群体后，根据这个群体的需求特点，以及他们对产品价格的敏感程度，利用“价格歧视”的策略，摸索出一个恰当的价格水平，从而使得总利润达到最大化。

买的没有卖的精

现在我们上街都会带上各种各样的打折卡、优惠卡、购物卡、积分卡等等，这样会使我们在购买各种商品的时候有很大的优惠，使我们广大的消费者在购物时节约不少钱，同时商家对出售这些卡也是乐此不疲。

广州的温小姐，从事财务工作，她对理财有自己的看法，她认为用这些购物卡去买一些零食和日常用品，那还不算精明，她利用求购的打了折的购物卡去买黄金、奢侈品或者大型家电。她在网上求购各大商场的购物卡、购物票票及购物券，用这些购物卡去买黄金饰品这一类奢侈品。温小姐说，在内地购买金饰，每克要比香港地区贵几十元，但毕竟出境的机会不多。于是，她想到在网上去求购转让出来的购物卡。一般，网上转让的大型商场购物卡，只有 8．5 折到 9．5 折，转让的金额从 500 元起不等，如能 9 折收购到这批卡，原价 5000 元的商品，只需要 4500 元就能购买到。若以时下广州金铺的金饰报价 302 元/克计算，以 9 折买到每克可以便宜 30 元，而香港的金饰报价比内地每克大概便宜 40 元，这样计入往返香港的路费，用收购来的打折购物卡在内地买金，既省钱又省力。

像温小姐这样的购卡族现在也是比比皆是，他们用购来的各种优惠打折的卡去购买商品，更有人在网上出售自己在某商家的积分卡，只要别人用自己的卡消费到一定数额的话还会给别人钱，这是因为别人用了你的卡，你拥有了积分，到时候你用积分还可以去跟商家换取一些礼品。

但是商家为什么对这样的事情乐此不疲呢？明明他们是吃亏的，如果没有这些卡的话，他们可以正价卖出，这样不就可以赚得更多吗？其实，这是商家在进行现金管理，现金管理主要是在银行中出现的对其客户提供的一种财务管理方式，而商家对客户的现金管理主要是回收大量的成本，使自己手中拥有大量的现金，这样才会使自己的资金链条不会断裂。例如，高校的学生大部分使用的都是中国移动的动感地带卡，中国移动就经常在一些高校做活动，比如存套餐送套餐活动，即预存三个月套餐送两个月的套餐，或是预存六个月的套餐送六个月的套餐等，这时候你就会发现在这些营业厅里排起了长队，学生们觉得实在是太实惠了，而移动就回收了大量的现金。表面上看是学生得到了实惠，实际上移动才是最大的赢家。

在众多商家都在办理各种打折卡的时候，我们要警惕一些商家的欺骗行为，因为打折卡常常就是他们给消费者设置的一个陷阱，而这个陷阱的前提就是——最终解释权归商家所有。

春节期间，西宁市市民刘先生请朋友喝茶聊天，因自己持有一张位于市南关街某咖啡西餐厅的白金卡，于是便把朋友带到了这里，要了茶水和啤酒等，消费了近两百元，然而结账时却被告知此卡只对西餐打八折。

据了解，在西宁，几乎所有的持卡消费者都有过与刘先生相同的遭遇。许多餐饮酒店以贵宾卡、会员卡或承诺打折等方法吸引更多的顾客，但往往这些所谓的优惠有很多限制，如用贵宾卡结账时，只是对很少部分菜品打折，而像海鲜和酒水等往往不能打折。

在春节期间，由于酒店、饭馆生意红火，一些商家就开始以种种借口拒绝兑现打折承诺。

市民张先生在情人节当天为了营造浪漫的气氛，请女朋友来到了青海阳光餐饮娱乐有限公司的布兰卡西餐厅，点了一套价格不低的情人节套餐。结账时拿出了该餐厅的八折优惠卡，但却被告知该卡在情人节不能使用。

像这样的商家，其实早就有意无意地“埋下了”诸多“陷阱”，而在实际消费过程中，一旦出现纠纷，则完全由经营者“最终解释”，让消费者既得不到优惠，又投诉无门。这种“猫腻卡”，不仅有欺诈行为，而且还侵犯了消费者的知情权。因此，消费者在收到各种打折卡时，要仔细问清这些卡在使用过程中有什么限制，并且在使用前要了解“优惠”和“打折”的范围折扣率，以免到结账时才发现上当受骗。商家出售的这些打折卡，本身对商家自己还有客户是有利的事情，可是这样的猫腻卡的存在不仅损害客户的利益，更是损害了自己的声誉。这样做实在是不明智。

有了打折卡，商家都会认为降低了利润，但实际上商家利用出售打折卡的方式吸引了更多的客源，并促使常客在这里增加消费，这样才会有大量的现金流水入账。同时，商家不要利用这种方式去欺骗消费者，不然，最终失去市场优势的还是自己。

捆绑销售

去了超市，大家就会发现有些商品是两件一起或几件一起卖的，它们的价格是很优惠的，比单独购买一件产品的价格便宜了很多，例如，一瓶2.5升的雪碧和一瓶2.5升的可乐加在一起的售价为9.9元，而单独购买其中的任何一件就要6元；一个五包装的康师傅方便面和一个塑料碗的售价为8元，而单独购买同样多的方便面就要7.5元等等，像这样的情况还有很多。

像这样的销售方式用经济学的观点来说就是捆绑销售，捆绑销售是共生营销的一种形式，是指两个或两个以上的品牌或公司在促销过程中进行合作，从而扩大它们的影响力。它作为一种跨行业和跨品牌的新型营销方式，开始被越来越多的企业及商家重视和运用。不是所有企业的产品和服务都能随意地“捆绑”在一起。捆绑销售要达到“1+1>2”的效果取决于两种商品的协调和相互促进，而不存在难以协调的矛盾。捆绑销售的成功还依赖于制定正确的捆绑策略。

商家现行的捆绑销售的形式主要有以下几种：

（1）优惠购买，消费者购买甲产品时，可以用比市场上优惠的价格购买到乙产品中。

（2）统一价出售，产品甲和产品乙不单独标价，按照捆绑后的统一价出售。

（3）统一包装出售，产品甲和产品乙放在同一包装里出售。

捆绑销售产品，商家以低价格出售商品，商家获得的利润就小了，但是商家为何愿意这样做呢?

首先，捆绑销售可以降低销售成本。通过各种形式的捆绑可以降低商品积压的时间来降低销售成本；通过共享销售队伍来降低销售成本；通过与生产互补产品的企业合作广告降低广告费用。

其次，捆绑销售可以提高服务层次。通过与其他企业共享销售队伍、分销渠道，使顾客能够更方便购买，得到更好的服务，来提高产品的差异性，增强顾客的忠诚度。

再次，捆绑销售可以达到品牌形象的相互提升。弱势企业可以通过和强势企业的联合捆绑，提高企业产品和品牌在消费者心中的知名度和美誉度，从而提升企业形象和品牌形象；强势企业也可以借助其他企业的核心优势互补，使自己的产品和服务更加完美，顾客满意度进一步增强，品牌形象也更优化。

最后，捆绑销售可以增强企业抗风险能力。通过企业间分工协作，优势互补，形成大的虚拟组织，提高企业抗冲击的稳定性。以虚拟的组织模式变“零散弱小的船只”为强大的“航空母舰”。同时达到资源配置的最优状态。

捆绑销售是有条件的，并不是所有的产品和服务都能随意地“捆绑”在一起。捆绑销售要达到“1 +1 >2”的效果取决于捆绑销售的商品是否存在协调和相互促进，而不存在难以协调的矛盾。所以，捆绑销售的成功依赖于下列条件:

(1) 捆绑销售产品的互补性。联合捆绑销售的产品最好是互补性产品。在捆绑销售中具有战略性的互补产品具有两个特点:

①他们在销售中被联系在一起或可以被联系在一起;

②他们对彼此的竞争地位有显著影响。互补产品之间的关系，使得顾客将他们的形象联系在一起，综合地而不是单独地衡量他们的功能，或者把他们作为一个整体来衡量购买使用成本。

所以，产品的互补性使消费者完全有理由在购买一件产品的同时，会需要另一种产品。这就消除了捆绑销售时的“强行搭配”之嫌。那么，捆绑的优惠促销就成为了一种真正的动力而不是阻力。根据交叉弹性理论，一种商品的需求量和它的互补产品的价格是反方向变化的，那么，捆绑产品的降价就能刺激彼此的需求，达到相互促进的效果。

相反，假如是替代产品，消费者在选择其中之一的同时，一般不再需要另外一种产品。即两种产品不是相互促进而是相互竞争，那么，两种产品在一起销售就存在一种无形的阻力。所以，捆绑销售的两种产品最好是互补产品，至少也应该是独立品，而决不能是彼此竞争的替代品。

（2）捆绑产品目标顾客的重叠性。在捆绑销售中，两种产品的目标市场应有较大重叠的部分。只有这样，才能保证两种或几种同时捆绑销售的产品是你的目标消费者所需要的。假定捆绑产品的消费群体是不同的，则只有这不同的消费者同时购物并且达成利益均摊的协议，才有可能。而这样的概率却是微乎其微的。

如温州奥康皮鞋和温州农行的联合捆绑营销，即持农行卡的顾客在奥康专卖店可以得到一定的优惠。其效果的不理想就与这两种产品的目标顾客的重叠性太小有关，即大部分温州人是温州工行和建行等其他银行卡的持有人，这些人无法得到捆绑的优惠，而既使用农行卡，同时又是奥康皮鞋的消费者的却不多。相反，由于是否持有农行卡所带来的购买奥康皮鞋的差别待遇，反而会引起本来是奥康顾客的不满。

（3）产品价格定位的同一性。根据市场营销学的观点，按照人们的职业、收入、财富和教育水平等变量可以把社会划分成不同的社会阶层。处于一定社会阶层的人，具有特定的行为标准和价值观，其购买商品的层次也是特定的。所以，进行捆绑销售，依赖于两个产品都能满足这个层次的消费者的需求。所以，捆绑产品如果同属于奢侈品，那么，富豪型和小康型社会阶层的消费者会乐于购买；如果捆绑产品同属于劣等品，低收入的温饱型和贫困型消费者更乐于选择。假定捆绑产品处于两个不同的档次，一个为奢侈品，一个为劣等品，则难以协调。因为，贫困型社会阶层的消费者一般不舍得花钱购买过于超前的奢侈品，尽管奢侈品价格稍低；另一方面，高收入阶层难以接受廉价的劣等品，因为，劣等品的购买对他来说毫无价值甚至有损体面和地位。

那么如何做好捆绑销售呢？捆绑销售的成功依赖于制定正确的捆绑策

略。那么，企业、商家怎样制定其策略呢？

（1）选择恰当的联合捆绑时机。一般来说，处于快速成长和产品畅销的市场形势中，产品不存在销售困难，因而捆绑的含义是有限的。只有那些市场信息多变，结构发生变革和竞争激烈的产业领域，才适合采取捆绑营销模式。因为捆绑共同体的形成有利于达到增强竞争力，实现捆绑各方的"共赢"。

（2）确定合适的捆绑产品。选择那些互补性较强的产品，在某些情况下，也可以选择彼此独立的产品。但不能是彼此竞争的替代性产品。例如，之前我们说的康师傅方便面和塑料碗的捆绑销售，就是两种互补品搭配的最好体现。

（3）考察捆绑各方核心优势和资源。只有那些科研、生产、管理、营销、服务等方面拥有核心优势的企业的产品，才能成为联合对象。而且，各方的资源互补性共享优势越强，与之结成共生关系的利益就越大。

（4）估计捆绑销售方案的成本和收益。捆绑联合需要付出额外的成本费用，同时，可以增加比单独销售要高的额外收益。显然，只有在额外的收益大于额外的成本时，捆绑销售方案才是可行的。

（5）重视合作企业的诚意和资信。合作伙伴的诚意和资信是捆绑销售容易忽视但却是非常重要的一个方面。良好的企业信誉和真心实意的合作能弥补某些方面的不足，而彼此欺诈则会使捆绑各方的利益受到损失。

产品的捆绑销售可以提升捆绑产品的销售量、知名度、服务水平，增强产品和销售企业在消费者心中的地位，能达到如此好的效果，商家何乐而不为呢？

巧用消费者的逆反心理

《水浒传》中有这样一个故事：武松别了宋江来清河县寻他哥哥。一天，来到了阳谷县地面。当日晌午时分，走得肚中饥渴，望见前面有一个酒店，挑着一面招旗在门前，旗上写着五个字道："三碗不过冈"。武松进店喝酒吃肉，可老板只给三碗酒喝，武松于是较上劲了，偏要再来三碗。喝完三碗，武松又要三碗。顾客就是上帝，酒店自然喜欢这样的酒鬼，再加上武松急吼吼地要，老板就半推半就一直给武松添酒，于是武松一个劲地喝了十八碗酒才算喝够。

这个酒店老板真是个做生意的高手，非常善于揣摩顾客的心理。他先是在酒店门口挂一面招牌"三碗不过冈"，明着是关心顾客，怕顾客喝多了酒误事，实则无形中在顾客心里留下了本店卖的绝对是上等的好酒的印象。

人们普遍都有不服输的心理，"三碗不过冈"很容易吊起顾客的胃口，引起顾客的逆反心理：你不是说三碗不过冈吗？我偏偏就要喝三碗酒，看能不能过了这冈。武松就是这其中的一个。于是，顾客难免跃跃欲试，尝尝这酒到底如何。若喝了三碗还能过冈，说明自己酒量大；若真如所说"三碗不过冈"，说明这酒确实是好酒。无论结果怎样，自己都不吃亏。这样一来，正中了酒店的圈套。顾客纷纷要酒喝，酒店的生意想不火爆都难。

“逆反心理”的说法来自日常生活，泛指人们用反向的态度和行为来对外界的劝导做出反应的现象。实质上，逆反心理是个人心理抗拒的一种特殊形式，它不像人们通常理解的那样是一种心理的异常反应，而是人适应外在环境的一种正常心理机能。逆反心理广泛存在于人类生活的各个领域和层面，当然也同样大量存在于消费者的消费活动中。

在美国得克萨斯州的第二大城市达拉斯有一家小有名气的牛排店，名叫“肮脏牛排店”。牛排店取名为“肮脏”，岂不令人倒胃，谁还敢光顾?其实与人们想象得完全不同，这间店的生意很红火，老板也因之发了大财。

“肮脏牛排店”看来是“名副其实”的，店里不使用电灯，点的是煤油灯，显得黑暗。抬头看，店里天花板上全是很厚的脏灰尘（是人造的，不会掉不来）。四周的墙壁沾有乱七八糟的纸片和布条，还挂有几件破旧的装饰品，如木犁、锄头、牛绳、印第安人的毡帽和木雕等。里面的桌椅都是木制的，做工粗糙，仿古色的，椅子坐上去还会“吱吱”作响。厨师和侍者穿的衣服像是从不换洗的。

最醒目的是“肮脏牛排店”有明文规定：顾客光临不准戴领带，否则“格剪勿论”。有些好奇或持怀疑态度的顾客偏系上领带进去试个究竟，岂料真的有两位笑容可掬的小姐迎面而来，她们一人持剪刀，一人拿铜锣，只见锣响刀落，试探者的领带已被剪下一大段。站在一旁当班的经理立刻会递给被剪掉领带的顾客一杯美酒，为他压惊，并表歉意。这杯酒是不收费的，其实这杯酒的价钱足够赔偿顾客的领带损失。那段被剪下的领带，则很快连同该顾客签了名的名片，被贴到墙上留念。被剪了领带的顾客，无论是好奇者、试探者或不知这里规矩的，绝不会因这一举动而生气，相反会觉得好笑。店里墙上沾满的纸片和布条，原来就是这样的留念物。

“肮脏牛排店”虽是以伪装肮脏陈设，但其供应的牛排食品却是美味之极，使人难以忘怀。正因如此，这里终年门庭若市，生意兴隆，收入丰厚，店名亦广为传播。

无独有偶，在上海有一家饭店，一直默默无闻，生意萧条。一次，饭店老板灵机一动，在旅游旺季之时，在自家门前挂起了一个牌子，赫然写着几个大字："全市最差的饭店"。这样一来，顾客不仅不讨厌这家饭店，反而纷纷前来吃饭，要见识见识全市最差饭店的食物究竟差到什么程度。一吃饭菜，才知这家饭店的饭菜无论色、香、味都是一流的。这一下，名声传开了，饭店生意越做越大。

饭店老板之所以将最差饭店的牌子挂起来，无疑是想让人注意到这家饭店。此举确实惊人，但光凭这些还不够，饭店的整体菜品和服务水平也要高。这样一来，"最差"的牌子可以免挂了，而饭店的名声早就传出去了。

在市场竞争中，精明的商家利用人们的逆反心理，经常会采取一些超乎寻常、违反常规的做法，故意反弹琵琶，弄拙成巧，往往成为反败为胜、扭转乾坤的关键。

《山城电脑报》是重庆市的一家小报。1995年，该报登出一份征订启事。启事中，有四分之一的文字叙述了自身的缺陷和印刷、纸张等方面的差距。并直言相告，高级电脑专业人员和毫无此类知识的初学者不要订阅该报，因为该报无法满足这两类人员的要求。这则广告为名不见经传的《山城电脑报》赢得了声誉，使订阅数量不断上升。该报的成功，完全在于坦诚亮丑，以被选择的姿态接受消费者的审视，反而收到了奇妙的宣传功效。

一家芬兰钟表店由于手表大量积压，资金周转不灵，前景堪忧。钟表店老板绞尽脑汁，想出一计，他贴出一张广告："本店现存一批手表，走时不太精确。24小时慢1秒，望君三思而择。"广告贴出不久，这家钟表店却门庭若市，生意异常火爆，积压的手表一销而空。公开了手表的缺欠反而销出了库存货，这里的关键就是利用消费者的逆反心理，坦诚地说出自己手表的缺点，往往比做正面的广告宣传更能赢得消费者的信任。

劳斯莱斯是世界高档轿车中的名牌。劳斯莱斯汽车公司曾经设计了一则这样的广告。广告中一辆小汽车位于写有“二等品”大字的横标上方。下面有说明：劳斯莱斯车的检查员因仪表板上的小储藏柜里有一道划痕而拒绝接受该车。公司的一位负责人说：“没有一家汽车制造商曾考虑过在他的广告里用‘二等品’这样的字眼，只有‘劳斯莱斯’车敢如此自信。”

俗话说：“家丑不可外扬。”殊不知，人类的天性中都有一种逆反心理，商家打破固有的模式，走出传统，自然会引起人们广泛的注意和好奇。一种与众不同的营销手段，自然会带来与众不同的效果。

在现实生活中，由于消费刺激的内容不同，消费者的逆反心理也有多种多样的表现形式。

其常见的消费者的逆反心理有以下几种：

（1）超限逆反。超限逆反指机体过度接受某种刺激之后出现的逃避反应。它是机体的自然的保护反应。对于任何刺激，包括能够给机体带来巨大满足的刺激，机体的接受性都是有限的。一种刺激无论怎样富有意义，过多的重复都会使它成为无意义的消极刺激。当个人对一种刺激的意义已经明了，可以对这一刺激做出预言时，这一刺激对于个人就不再具有意义。此时这种刺激再出现就不是引起个人的积极态度反应，而是引起消极的态度反应。因此，任何旨在诱发人们态度的改变的说服引导，都必须避免无意义的重复，否则效果会适得其反。

（2）广告逆反。在广告宣传中，某些不适当的表现形式、诉求方式也会形成过度刺激，引起消费者的逆反心理。比如，表现手法单一化、雷同化，会降低消费者的兴趣和注意力；同一时间连续播放几十则广告，会造成消费者的心理疲劳；过分渲染、夸大或吹嘘，会引起消费者的怀疑和不信任感；表现内容庸俗低级，故意吊胃口，反而会招致消费者的厌烦、抵触，以致产生“广告做得好的不一定是好货”、“广告宣传越多越不能买”的逆反心理。

（3）价格逆反。价格在诸多消费刺激中具有敏感度高、反应性强、作用效果明显的特点。价格涨落会直接激发或抑制消费者的购买欲望，两者的变动方向通常呈现相反态势。但是，受某种特殊因素的影响，如市场商品供应短缺引起的心理恐慌，对物价上涨或下降的心理预期，对企业降价销售行为的不信任等，也会引起消费者对价格变动的逆反心理，导致“买涨不买落”、“越涨价越抢购”、“越降价越不买”的逆反行为。

（4）禁果逆反。禁果逆反指理由不充分的禁止反而会激发人们更强烈的探究欲望。古希腊传说中，伊甸园中的夏娃受蛇的诱惑，偷食了善恶树上的禁果，受到了上帝的惩罚。禁食的果实分外甜，由于禁止，人们尝试的欲望反而更加强烈。对一件事物做不说明原因的简单禁止，会使这件事物有区别于其他事物的特殊吸引力，使人自然地将更多的注意转移到这件事物之上。而且，没有得到解释的禁止会引起各种推测和假设。从认知不协调理论的观点说，当人们对禁止的理由感到不充分时，就找不到充分理由来扼制自己的探究欲望，从而心理的平衡会朝违反禁止的方面倾斜，使人倾向于做出偷食禁果的行为。

逆反心理跳出了传统的思维方式，很容易促使消费者掏出腰包，很多商家就是运用这种策略，达到了意想不到的效果。

价格战容易吸引消费者的眼球

美国费城西部的某条街上有两家布料商店——纽约贸易商店和美洲贸易商店，这两家店相对而开。由于同样是卖布料的商店，两家的老板常常出现争吵，而爆发“价格战”更是家常便饭。

比如，纽约贸易商店的窗口突然挂出一个木牌，上面写着：“出售爱尔兰亚麻被单，每床价格 6 美元。”这时，美洲贸易商店的窗口也挂出了一块木牌，上面写着：“本店被单定价仅为 5．9 美元!”

两个老板互不相让，不断地降价，直到最后，他们其中有一个愿意认输。这时，输了的老板一定会当街大骂，说获胜的老板是疯子。没多久，这两个老板的“事迹”就被宣扬开去，越来越多的人开始跑到这一带来买东西。因为，每次在他们的“价格大战”结束时，人们就能买到各式各样物美价廉的商品。

这样的日子一直持续了 30 多年……

后来，两人中的一个老板突然去世了，一周后，另一位老板以年纪大为由也退休了。而此时，一个令人意想不到的真相浮出水面：这两个平日相互咒骂的老板竟然是同胞兄弟!

两兄弟的价格战争表面上互相残杀，实际上却是在演戏！最后无论是谁获得了胜利，都能将两家店铺的商品一同抛售出去。这样精明的骗局，实在难以让人识破，难怪人们被蒙蔽了 30 多年。

价格战指的是商家之间以降低产品价格为竞争手段的活动。毋庸讳言，在我们周围，更多的还是商家之间你死我活的价格战，所以消费者也就乐得坐享其成。之所以会形成这种现象，是因为现在的时代是偏向消费者的，市场是买方市场。

当今社会，市场经济发达、生产规模扩大，市场上逐渐出现了产品过剩的局面，也就是商品丰富、货源充沛。对消费者来说，在挑选产品时有了更多的机会；对于经营者来说，他们必须在产品的品种、服务、价格等方面展开激烈竞争。很快，市场上硝烟四起，各式各样的无声“战争”爆发，其中尤以价格战最为残酷，最为直接有效，最能彻底摧毁对手。于是，打价格战成为很多品牌产品占据市场的最佳选择。

在近几年的价格战中，无论是哪个行业，挑起价格战的企业都得到了不小的好处，有的大幅提升了市场份额，确立或稳固了行业龙头老大的位置；有的迅速提高了知名度，赢得了消费者，这正是降价策略的魅力所在。

技术、服务、品牌是企业制胜的法宝，但这只能满足消费者对产品价值的追求，却无法满足消费者追求实惠的心理，物美还需价廉。以差别化策略进行营销固然能减弱消费者对价格的敏感度，却不能启动一个购买力不足的市场。在彩电业、影碟机业、电脑业，许多企业不是没有技术优势、质量优势和品牌优势，但他们还是不得不加入降价竞争的行列，为市场占有率而战。

看来，降价竞争对有的企业是战略决策的需要，对有的企业则是市场环境下无奈的举动。启动消费、抢夺市场是企业生存的关键，生产的产品难以售出则意味着危机。利润一时没了，来日还可以挣回，市场没了，则等于丢了江山，这才是决定企业命运的大事。

由此说明，在激烈的竞争环境下，立足于企业的现实，即使在多种多样的营销策略面前，价格的作用仍不可忽视，价格竞争的环境还没有消失，价格仍是企业掌握的一张竞争王牌。甚至有人说：“很难想象，如果没有价格的竞争手段，企业还能依靠什么在市场竞争中取得优势。”

如果一个或者几个商家合力占领了市场，“战争”的烽火不再，我们会面临什么？根据美国多年的经验，消费者将会迎来一个或几个独裁者的时代——在这种时代下，占领市场的少数企业将慢慢提高价格，狠宰消费者。

那么，没有价格战，商品物价高了不好，有了价格战，一路打下去，形成了垄断也不好。这一问题该怎么解决呢？正是基于这点，各国才颁布了《反垄断法》，让市场上的竞争者仍大量存在，使消费者能真正受益。看来，有些“战争”的存在也是必要的，只要不像那两位兄弟那样搞“虚假战争”，就还有一定的价值和意义。

美女经济

古印度有个大财主摩诃密，他有 7 个女儿，均有沉鱼落雁、闭月羞花的姿色。他将她们视如掌上明珠，每有宾客前来，必然让她们出来炫耀一番。

一天，一名来访的宾客突然对摩诃密说："我是这里最有名的裁缝，听说您的女儿都是绝色佳人，但我发现，她们还没有我做出的衣裳漂亮。"财主一听，不免怒火中烧。这时，裁缝说："我们打个赌，我将制作世界上最美丽的衣裳，让您的女儿到我的店里来试穿。假如大家都说您的女儿比我的衣服漂亮，那我就输给你 500 两白银，否则你就输给我 500 两白银，怎么样?"摩诃密一听，立即答应了。

第二天，摩诃密带着女儿们来到裁缝的店铺。女儿们一穿上裁缝的衣服，顿时就赢得了一片赞叹声。在漂亮服装的装扮下，摩诃密的女儿们显得异常美艳。于是，人人都夸奖摩诃密的女儿美貌绝伦，同时也赞叹裁缝的手艺巧妙精良。不过，当提到哪个更胜一筹时，大家一致认为摩诃密的女儿们更漂亮。得到了人们的肯定和 500 两白银，摩诃密非常高兴。奇怪的是，输了钱的裁缝似乎比他更高兴。

摩诃密很疑惑，便偷偷派人观察，结果发现，自从这次打赌后，没几天裁缝店里就挤满了爱美的女子，人人都要购买裁缝的衣服。而裁缝所卖的衣服也从打赌的那天开始，由 1 两白银变成了 3 两白银。

裁缝用了摩诃密贪财和好胜的心理，用美女的“时装秀”为自己的手艺做了宣传。通过这样的手段，他成功地吸引了人们的注意力，扩大了衣服的销售。只可惜，精明的摩诃密未能看到这其中的陷阱，白白地为裁缝做了“垫脚石”。裁缝的聪明之处在于借助“美女效应”推动了自己的服装销售量。

这就是美女经济，即围绕美女资源所进行的财富创造和分配的经济活动。其实说白了，“美女经济”就是“眼球经济”，因为美女吸引的就是人们的注意力。在我国西汉时期，就已经有人懂得运用“美女效应”的积极作用了。

《史记》中记载有司马相如和卓文君的故事：

临邛首富卓王孙有个漂亮女儿卓文君。司马相如为卓文君弹了一首《凤求凰》，琴声打动了屏风背后的卓文君，她偷看司马相如后“心悦而好之”。事后司马相如让“侍者”当红娘，与文君连夜私奔到成都。

卓文君与司马相如面临窘迫的生活，决定把车马卖掉，到临邛开酒店，文君当街卖酒。因为文君的美貌，吸引了众多的人前来光顾，两人的生活因为酒铺生意的兴旺而逐渐好转。

文君“当垆卖酒”的故事体现了汉代的“美女经济”效应，因为美貌而多才的卓文君在大庭广众下卖酒，吸引了更多的人前来买酒，才会使得她和司马相如的生活状况得到改善。

如今，美女们不但没有在飞速发展的市场经济中被商家忽视，反而被不断地发掘出来，渗透到各种行业，并逐渐演变成了今天最时髦的“美女经济”。无论是商场开业还是车展、房展，或是兜售某种商品，如今的商家都热衷于请美女出台，借美女生财。大街上，随处可见的“婚纱秀”、“时装秀”、“内衣秀”、“轿车秀”无不打着美女招牌，依傍美女的姿色。打美女牌、算经济账，美女的影响力越来越大，大有辐射至各领域、渗透到各行业之趋势。

为什么商家会宠爱“美女经济”？为什么“美女促销”的戏码总是在

不断上演？从经济学上看，商家就是在充分地利用美女的经济价值。

必须承认，美貌在这个世界上属于稀缺资源。就像一位经济学家说的那样，并不是每个人都天生丽质，因此，美貌就愈发显得珍贵。正是由于美貌的稀缺性，人们就愈发将有限的目光投注到美貌上。厂商利用了这一点，顺利地将人们的目光通过美女吸引到了自己的商品上。

据美国一家著名汽车公司的调查表明，在车展中，如果有名车而无美女，观众停下观看的平均时间是 2 分钟；如果既有名车又有美女，观众停下观看的时间则是 9 分钟。也就是说，美女让观众对这种产品的关注时间延长了 7 分钟。而正是这短短的 7 分钟，就为企业赢得了不少的商业机会和销售收入。

“美女经济”就这样带动了相应行业的繁荣，也日益成为商家手中的一种生产性资源，厂商的目的就是要让资源最大限度地转化为资本或者商品，并将之产业化。基于这些原因，“美女经济”大行其道也就不奇怪了。

第九章

宏观经济学和你想的不一样

"G2"理论是荒谬的

如果评选 2009 年国际社会最流行的新词，"G2"理论必定位列其中。"G2"理论最早由美国彼得森国际经济研究所所长——弗雷德·伯格斯坦于 2008 年夏季在美国《外交》杂志 7～8 月刊上提出。弗雷德认为，近几年来，中国经济持续高速发展，已经成为仅次于美国的超级经济强国，美国应联合中国组成"G2 集团"代替现今的"G8"（八国集团），以共同应对金融危机和处理全球性问题。

在"G2"理论诞生后的一年里，先后有北京奥运会的成功举行，国际金融危机席卷全球，中美战略与经济对话机制建立等重大事件发生，中国的影响和作用在世界范围内日益凸显，"G2"理论也日益升温，不仅在中美两国，而且在世界范围内引起了广泛的关注和讨论。这其中赞成者有之，反对者亦有之，但这也反映出了世界对中国的关注。对于"G2"理论，中国应如何看待，它的背后隐藏着什么，中美能共同领导世界吗？

众所周知，美国是当今世界上唯一的超级大国，综合实力无可匹敌，但自从 2008 年金融危机爆发以来，美国陷入第二次世界大战后持续时间最长、强度最大的经济衰退。在这种时刻，美国经济界人士提出"G2"理论，可以说既有现实的需要，也有对长远的考量。

首先，面对严重的金融危机，美国政府最为迫切的任务就是稳定国内和国际的金融秩序，恢复美元的国际信誉，促进国内经济复苏。中国作为最大的外汇储备国和美国国债持有国，其外交和资金上的支持对于美国实现经济复苏是非常重要的。

其次，美国面临着众多棘手的国际事务和国际压力。例如，伊拉克和阿富汗的安全局势问题、朝鲜和伊朗核危机、减少全球温室气体排放、修补大西洋两岸关系等，此时的美国急需一个“帮手”来分担美国的国际责任，帮助美国协调、缓和或解决这些国际问题。欧盟虽然经济实力强大，但也受到金融危机的冲击，自顾不暇；俄罗斯也和欧盟一样受金融危机的影响，经济严重下滑；日本不是政治大国。此时，中国作为当今全球范围内发展最为迅猛的大国，受国际社会的关注度也较高，美国正好借助“G2集团”的口号，拉近与中国的关系，试图让中国帮忙承担更多的国际责任和国际义务。

再次，美国试图利用“G2”的概念营造出要和中国“共管世界”的态势，如果中国对“G2”过分热衷，就要过早地承担起与自身利益和实力不相符的国际责任，做不必要的国际承诺，最终将损害中国的利益。

不可否认，新中国成立60年来，的确取得了令世界瞩目的成绩。在政治上，中国是世界上最大的发展中国家和社会主义国家，又是联合国安理会常任理事国，对世界上许多热点问题如朝鲜核问题、温室气体排放等都有相当的发言权。

从经济层面看，中国的GDP总量位居世界第二，中国的外汇储备是世界第一，而且还是美国的最大债权国，工业化加速推进，正向全方位的世界级制造业大国转变。更为重要的是，中国面对百年一遇的全球金融危机，果断实施了有力的宏观调控政策，不仅避免了经济下滑，保持国民经济平稳较快发展，而且为世界经济的止跌回稳及复苏做出了贡献。联合国于2009年初在北京发布2009年世界经济报告中指出，2009年全球经济增长率将比2008年的全球经济增长率大幅降低，但在全球经济增长中，中国仍是亮点，中国有望保持8%的增长速度，这将给全球经济增长做出巨大的贡献。

尽管如此，也不能确定“G2”理论是否成立。“G2”理论从某种角度而言就是要塑造一种21世纪的新型“两极格局”。众所周知，一个国家要想成为国际格局中的一极，必须要具备以下四个条件：即超群的综合国力；向世界提供国际公共产品，塑造和维护国际体系的能力；国家发展模式和意识形态的吸引力；全面参与国际事务的决心和意志力。纵观全球，只有美国是完全符合这四个标准的，在现在和可预见的未来都将是世界的重要一极，中国现在还远没有达到可以和美国并驾齐驱的程度。

另外，“G2”理论本身又带有很大的片面性和不稳定性。中国的经济社会发展还很不平衡，经济结构有待优化；经济发展的科技含量还不高；金融体系尚不健全；经济总量虽大，但人均收入偏低。事实上，中国是经济大国，却非经济强国，而且中国的军事实力仍然是地区性和防御性的，因此还不具备向国际社会提供充足的国际公共产品（如国际结算货币工具、国际安全保障、国际规则和协定等）的能力。除此之外，中国社会也随着经济发展而急速转型，产生了一批亟待解决的问题，如贫富差距日益拉大，各地区发展不平衡，城乡二元矛盾等。总之，中国没有能力也没有意愿同美国组建“共治世界”的G2集团。

温家宝总理说“G2”是“毫无根据和错误的”，他多次强调，一两个国家或者大国集团，不可能解决全球的问题，多极化和多边主义是大势所趋、人心所向。目前，中国最重要的任务是加快自身各方面的发展，练好内功，才能在未来的国际格局中立于不败之地。

中国外汇储备的风险

外汇储备，也称外汇存底，是指一国政府所持有的国际储备资产中的外汇部分，即一国政府保有的以外币表示的债权，是一个国家货币当局持有并可以随时兑换外国货币的资产。

高额的外汇储备一直被许多经济学家视为一柄双刃剑。一方面，在金融危机肆虐、全球经济衰退的背景下，高额外汇储备可以作为国际金融的调节器，可以为国家金融稳定和危机救助提供保障。但在全球流动性泛滥之时，储备的过快增长无疑也蕴藏着诸多风险。

自 2006 年 2 月我国外汇储备超过日本成为世界上最大的外汇储备国家以来，我国的外汇储备不断创出新高。据中国人民银行 2009 年 7 月 15 日发布的数据显示，2009 年 6 月末，国家外汇储备余额为 2.1316 万亿美元，同比增长 17.84%。中国成为全世界第一个外汇储备超过 2 万亿美元的国家。

外汇储备作为一个国家经济金融实力的标志，它是弥补本国国际收支逆差，抵御金融风暴，稳定本国汇率以及维持本国国际信誉的物质基础。在深受国际金融危机冲击的背景下，我国外汇储备以出乎意料的速度突破 2 万亿美元大关，这无疑是给复苏中的中国经济打了一针“兴奋剂”，吃了一颗“定心丸”。

但是，外汇储备并非多多益善，近年来中国外汇储备规模的急剧扩大对经济发展产生了许多负面影响。如此巨额的外汇储备和过快的增长势头，已经给人民币造成了很大的升值压力，并且由此带来的与美国和欧盟的贸易摩擦问题，对我国今后经济良性运行构成了严重威胁。

（1）过多的外汇储备增加了持有成本，造成资金、资源的浪费。外汇储备过多，国家储备资产管理承受的风险就会加大，主要表现为承担巨大的利息损失和储备缩水。我国的大部分外汇储备资产是以国际商业银行存款和美国政府债券形式持有的。银行存款和债券投资的收益率远低于国内的平均资本投资的收益率，而持有借入储备的融资成本高，我国持有巨额外汇储备的同时，每年还以高成本从国外大量引进外资和借取外债，其潜在的损失是明显的。

（2）迅速增长的外汇储备形成了流动性过剩。不断增长的外汇储备在很大程度上引发目前银行体系的流动性过剩现象，加剧我国的经济失衡。近年来，我国基础货币所面临的压力主要来自国际收支的不平衡，大幅顺差带来的外汇占款使得央行不得不投放基础货币，加上衍生的人民币升值预期加大外国投机性资本进入的力度，造成国内金融市场流动性过剩。2008 年上半年新增外汇储备 2806 亿美元，就造成基础货币净投放将近 1.9 万亿人民币，加大了金融市场的流动性过剩。

（3）加大通货膨胀压力。首先，从经济增长来看，外汇储备的快速积累会引起货币供应量的快速增长，效果等同于扩张性货币政策，因而刺激经济增长并带来通货膨胀压力；其次，从供求数量来看，外汇储备的快速增长引起货币供应量的迅速增加，使得货币供应总量大于实际资源的货币需求，从而引起实际资源价格上涨，带来通货膨胀；再次，外汇占款的投放集中于贸易导向型和外向型部门，相应地会带来这些部门的结构性通货膨胀。

（4）削弱了央行货币政策的独立性和宏观调控的有效性。央行为了有效控制货币供应量，缓解通货膨胀压力，要采取经常性的对冲操作措施，从商业银行回笼资金以减少商业银行的流动性。公开市场操作、发行央行票据、提高法定存款准备金率等手段都是围绕对冲外汇占款展开，使央行货币政策陷入了被动。在目前状况下，央行必须同时应对外汇储备扩大、汇率相对平稳和流动性过剩等几个目标。由于目标之间相互制约，不具有兼容性，因此，单一的货币政策已难以同时实现国内和国际两方面的政策目标，削弱了货币政策的独立性，影响宏观经济政策的有效性。

（5）造成人民币升值压力不断加大。大量外汇储备导致央行巨额人民币的释放，央行票据的调解作用受到限制；高额外汇储备存在机会成本和贬值风险。人民币升值后，目前我国又面临通货膨胀，国内的生产要素价格上升，在人民币升值的情况下就会产生内外价格同时上升的压力，这就使我国出口商品价格的国际竞争力有所下降。

为避免外汇储备过高，外储结构调整和有效利用显得尤为关键。在诸多有效利用外汇储备的主张声中，增加购买战略性资产，增加能源和资源储备的呼声一直很高。但有专家指出，中国作为国际市场上的大买家，一旦重仓介入某种资产或大宗商品，自然会大幅拉高这种资产的价格，反而会带来不必要的储备损失。

鼓励企业“走出去”正成为当局化解外汇储备风险的一条途径。中国社会科学院世界经济与政治研究所国际金融室副主任张斌说：“政府鼓励企业‘走出去’，在一定程度上有利于降低国内外汇储备，通过贷款换石油等具体方法，我国把部分美元资产转换成石油等资源类资产，这对于调整外汇储备结构，推动外汇储备的多元化，抵御金融风险都将发挥积极作用。”

不过也有专家指出，对于化解高额外汇储备风险，这些方法仅仅是“治标”而非“治本”之策。中国社会科学院世界经济与政治研究所所长余永定认为，这也许能解决外汇储备中的存量问题，但它无法解决流量增长问题。他认为，目前解决问题的关键是尽快采取措施实现经济增长方式的转型，实现经济的均衡发展。

最大铁矿石进口国的尴尬：力拓事件中被动的中方

2009 年 7 月 5 日，澳大利亚力拓公司驻上海办事处的首席代表胡士泰等 4 人因涉嫌为境外刺探和窃取中国国家秘密，被中国国家安全机关依法刑事拘留。

与一般人的想象不同，这次的“国家机密”不是属于政治、军事、外交领域，而是纯粹的经济领域。据有关媒体报道，近几年来，由于以力拓为代表的国际铁矿石垄断商通过窃取情报形式几乎完全掌握了中国国有钢铁企业的有关核心信息，从而在铁矿石谈判中清晰洞悉了中方的底牌，给中国钢铁企业带来巨大损失。

实质上，“力拓事件”最为直观和鲜明地说明了国际势力在有关资源和与资源相关的环境问题方面与中国展开了越来越激烈的角逐。诚然，在当今错综复杂的国际商业背景下，通过窃取他国国家机密而决战商场的事例不胜枚举，但这并不是在铁矿石谈判中屡屡失利的主要原因。作为世界上最大的铁矿石进口国，在议价上却没有话语权，这或许成为力拓事件背后最需值得深思的问题。

2003 年，随着中国超过日本开始成为全球最大的铁矿石进口国，中国在世界钢铁业的地位得到认可。但在历年的谈判中，中方却总是处于被动地位，不得不一次次接受力拓等国际三大矿山公司涨价的要求。众所周知，价格由供需双方决定，这是经济学的简单道理，因此铁矿石市场由矿企单边定价是不正常的。中国已是国际上进口铁矿石最多的国家，2008 年进口的铁矿石数量已超过世界铁矿石海运贸易量的一半以上，即从2002年进口1.11亿吨铁矿石，到2008年进口的铁矿石已达4.43亿吨，这一进口量已占当年世界贸易量的五成，但在价格谈判中却一直没有议价权，连续六年败北。2003年，宝钢代表中国钢铁业首次参与亚洲铁矿石价格谈判，但没有发挥实质性的作用，接受了日本新日铁公司的谈判结果：价格涨幅18.6%。也正是这一年，开启了中国钢铁企业在铁矿石谈判中的“六连败”。

2008年下半年以来，随着国际金融危机的扩散和蔓延，我国钢铁产业受到严重冲击，出现了产需陡然下滑，价格急剧下跌，企业经营困难，全行业亏损的局面，钢铁产业稳定发展面临着前所未有的挑战。2008年中国进口铁矿石4.43亿吨，多支付了1800亿元，而行业利润却只有800亿元。

2009年，中国钢铁工业协会（中钢协）第一次取代宝钢成为谈判代表，秘书长单尚华多次在公开场合表示“铁矿石价格至少要降40%以上，达到2007年价格水平”。但中钢协很快就发现自己的任何一个谈判底线居然都在供方掌控之下。强硬态度并不能决定谈判结果，双方未能在6月30日的最后期限前达成协议，铁矿石谈判被迫进入“加时赛”。而日本和韩国主要钢铁公司已达成了降价28%至33%的供应合同。

“力拓间谍门”发生后，铁矿石谈判的关系也发生了微妙变化。很多人猜测，一直想在中国增加供应量的巴西淡水河谷公司（世界第一大铁矿石生产和出口商）有可能成为中方以量换价的突破口。淡水河谷公司于2009年6月接受了对日本钢企降价28%的年度铁矿石供应合同，是7年来的首次降价，但一直拒绝接受中国的铁矿石降价要求。

据业内人士分析，中方在进口铁矿石价格谈判上丧失话语权，不仅是由于单纯的行业信息被窃取，国内铁矿石贸易市场长期以来的混乱状况是深层次的原因。随着近年来中国铁矿石需求的大幅增加，造就了独一无二的两个市场，即长协矿和贸易矿。我国目前具备铁矿石进口资质的企业共有112家。根据相关政策，只有具备铁矿石进口资质的企业才能享受进口铁矿石的长期协议价，这就是长协矿的市场。而中小钢企则只能请有进口资质的企业代理买卖矿石，这被称为贸易矿。中投顾问能源行业首席研究员姜谦表示："在2008年钢铁生产能赢利的情况下，大企业具有进口资质，就通过向国内中小企业倒卖铁矿石赢利。"大企业将过剩的"长协矿"按现货矿的价格倒卖给中小钢厂，赚取差价。有报道称，2008年我国长期协议进口的铁矿石中有超过10%的被拿到市场上倒卖，各进口企业倒卖"长协矿"的收入至少超过200亿元。

为规范国内铁矿石进口秩序，中钢协于2009年2月高调推出《钢铁行业进口铁矿石贸易秩序自律公约》，提出铁矿石进口代理制，严令禁止购矿企业未经授权与矿石供应商进行多头谈判。有进口资质的企业将被严格控制进口矿石的流向，禁止随意加价倒卖矿石，钢厂进口的数量要以满足一年生产的自用量为主，为没有矿石进口资质企业代理进口，有进口资质的企业只能通过收取3%至5%代理费的方式进行，不允许随意赚取差价。但在实际操作过程中，由于缺乏足够的监管，关于代理费的规定却成了一纸空文。2008年，长协矿价格在每吨七八百元左右，但中小钢厂最终从贸易商手里买进的价格高达每吨1400元。

有人认为，中方铁矿石谈判失利并非仅仅因为力拓案。虽然胡士泰等人的违法行为毋庸置疑，但是铁矿石谈判之所以屡战屡败，深层原因是铁矿石进口权的部分垄断让大型钢企和中小钢企各怀"鬼胎"，这才让谈判桌上的外方有了可乘之机。从某种程度上说，铁矿石谈判，其实也是中国大钢厂与小钢厂之间的博弈。

很显然，定价权的丧失主要是因为国内钢铁生产集中度不够，要想夺回铁矿石"定价权"，保障我国钢铁产业安全，根本途径在于提高自身的资源控制力。同时，在铁矿石贸易上，进一步减少国内的铁矿石进口贸易商。

贸易保护的合理性

2009年4月20日，美国钢铁工人联合会向美国国际贸易委员会提出申请，对中国生产的乘用车轮胎发起特保调查。其在诉状中声称，从中国大量进口轮胎损害了当地轮胎企业的利益；若不对中国轮胎采取措施，到2009年年底还会有三千名美国工人失去工作。

2009年6月29日美国国际贸易委员会（ITC）以中国轮胎扰乱美国市场为由，建议美国将在现行进口关税（3.4%~4.0%）的基础上，对中国输美的乘用车与轻型卡车轮胎连续三年分别加征55%、45%和35%的从价特别关税。

2009年9月12日，美国总统奥巴马宣布将对从中国进口的所有小轿车、轻型卡车轮胎，征收为期三年的惩罚性关税。白宫在一份声明中表示，第一年将对从中国进口的轮胎加征35%关税，第二年加征30%，第三年加征25%。

轮胎特保案是奥巴马时代美国首起对华特保案，也是针对中国的最大特保案。在经济学中，美国政府的这种做法就是典型的贸易保护。所谓贸易保护，就是在国际贸易中由国家通过各种手段进行干预的政策。

自从古典经济学家亚当·斯密力主英国贸易政策由贸易保护转向自由贸易以来，自由贸易已成为世界各国普遍接受的贸易原则。但是，贸易保护现象并未因此而在世界上绝迹，恰恰相反，贸易保护现象几乎与自由贸易原则一样为人们所熟悉。特别是2008年以来，由美国次贷问题引发的金融危机将恐慌与危机传染到全球各国，导致全球经济进入“严冬期”。随着负面影响的不断扩大与深化，全球范围内的投资和贸易都出现了明显的下滑。不少国家和地区为加强对本国产业和市场的保护，采取了各种贸易保护措施限制进口。但这些措施不但无益于危机的解决，反而会进一步加剧危机，使全球经济进一步恶化。

在历史的进程中，贸易保护对全球经济的危害是有目共睹的。1929 年美国股市崩盘后，当时的美国政府为了保护国内工业不受大量进口商品的冲击，通过了臭名昭著的《斯姆特·霍利关税法》，并开始对 2 万余种进口商品征收高额关税。美国的这一做法引起了世界各国的不满，并导致各国纷纷采取措施对美国出口商品进行报复，一系列的贸易战几乎令全球贸易停顿。

亚当·斯密曾对人们之所以需要自由贸易的原因做了一个简单而有力的说明，即对交易双方而言，“互相交换产品比自己制造更有利”。因为，社会分工使人们从事不同的行业，由此，人们凭借自己在某一行业的专长生产出更多的产品，并用以换取自己所需要的其他行业的产品，显然要远远胜于自己制造自己所需的所有产品。

二百多年来，国际贸易的发展充分证明了自由贸易主张的科学性和现实必要性。但是，必须看到，一国之内的人们出于分工而进行的市场交易，与国家之间基于生产优势而进行的国际贸易是有很大区别的。这种区别虽然不会改变自由贸易的科学性、必要性，但却会使国际自由贸易的情况变得复杂。例如，当某国的某种产品虽然暂时不具备国际市场竞争力，但却有条件形成显著的国际市场竞争优势，那么，为保护这种产品的发展，该国就有必要在一定时期内实施必要的贸易保护措施，创造出适宜该产品生产发展的市场条件。这虽然会为国内消费和国际贸易带来暂时的损失，却会在不远的将来为国内消费和国际贸易产生持久的利益，因而并不与自由贸易原则相抵触。

另外，在国际贸易中更为多见的合理的贸易保护情况是，当某种民生必需品的进口量不可能充分满足国内消费需要时，那么，即使这一进口产品的生产成本低于国内产品的成本，也应坚决地保护国内产品的生产发展。因为，在这种情况下，如果仅仅考虑进口更实惠的产品而任凭国内企业生产的萎缩，那将是极其没有远见的。如果在进口廉价产品的冲击下，国内企业生产的产品无力满足国内需求，则进口产品的价格便可能在供不应求的市场压力下大幅上升，而不再保持以往的物美价廉。当然，这种贸易保护并不在于片面地排斥进口，而是应以国内生产的成本水平为出发点，将这一产品的国内市场价格保持在对国内生产者有利的合理价格水平上。以我国农产品的国际贸易而言，国际农产品价格有时高于国内价格，有时低于国内价格，但是，国际农产品价格的变化并不能改变国家强化农业基础的既定方针。这是因为，十几亿中国人的农产品需求绝非国际贸易所能满足，所以农业在中国经济发展中将始终是重要的基础产业。从这一点出发，农产品进口作为国内生产的补充，不仅应以保持国内市场供求平衡为依据，而且也应以保持国内农产品合理价格水平为准则。换句话说，如果国内农产品市场价格因供大于求而低于合理价位，那么，不论国际农产品价格是否低于国内市场价格，都应支持国内农产品出口。反之，如果国内农产品价格高出合理价位，那么，在国际农产品价格低于国内价格的情况下，适度扩大进口量则是必要的。

贸易保护就像是一把双刃剑，可以保护自己，也可以伤害自己。在国际经济贸易的自由贸易原则下，合理的贸易保护是有其存在的科学性和必要性的。而如何区分合理的贸易保护与不合理的贸易保护，则是在国际贸易中坚持自由贸易原则的关键问题所在。

经济寒流促使我们拉动内需

农村的消费能力不足，一直以来是制约我国扩大内需的瓶颈之一。为了提高农民的消费水平，2007 年 12 月起，商务部和财政部在山东、河南、四川、青岛三省一市进行了家电下乡试点，对彩电、冰箱（含冰柜）、手机三大类产品给予产品销售价格 13% 的财政资金直补。

2008 年 11 月 30 号，财政部、商务部、工业和信息化部联合印发了《关于全国推广家电下乡工作的通知》，《通知》规定，从 2008 年 12 月 1 日起，家电下乡在原来的三省一市基础上再增加 10 个省市，从 2009 年 2 月 1 日起，家电下乡在原来 14 个省市的基础上，开始向全国推广，产品也从过去的四个增加到八个，除了之前推出的“彩电、冰箱、手机、洗衣机”之外，本次家电下乡又新增了摩托车、电脑、热水器和空调。它们和彩电等产品同样享受国家 13% 的补贴。各个省市可以根据各地区不同的需求在这四个产品中选择两个进行推广。

家电下乡是国家应对国际金融危机，促进消费和拉动内需的一项重要举措，得到广大家电生产企业和农民群众的热烈欢迎。然而，这样的方式是否有效？能否真正撬动起农村巨大的消费市场？能否拉动农村的内需？

目前，内需不足，特别是国内消费不足，已经成为我国经济发展方式转变中的突出矛盾。多年来，出口和投资成为经济增长的主要驱动力。以 2007 年为例，出口和投资的贡献率合计高达 60.3%，国内消费的贡献率仅为 39.7%。有人说，这好比两匹好马加一匹瘸马拉着的三套车，无论两匹好马如何卖力，车也跑不快。

2008年，随着全球金融危机的爆发，出口导向之路已很难走；同时，由于高成本时代的来临，靠压低资源价格，实现低成本投资扩张的模式也难以为继。在这个特定的条件下，拉动内需、确保经济增长就成为如今的首要选择。

提到拉动内需，我们自然会想到拉动消费。多年来，我国广大农村潜在的消费动能一直令经济学家们浮想联翩。以家电为例，目前，我国农村家电普及率远远低于城市。据有关单位统计，洗衣机在农村的普及率相当于城镇1985年的水平，冰箱在农村的普及率相当于城市1998年的水平，空调在农村的普及率相当于城镇1995年的水平。国家统计局为此进行过测算：农村人口每增长1元消费支出，将为整个国民经济带来2元的消费需求；农村人口对任何家电产品的普及多增加一个百分点，就可增加238万台（件）消费需求。正是在这样的大背景下，国家启动了家电下乡政策。经济学家曾经为家电下乡算过一笔账：家电下乡可拉动消费1.6万亿。但是，有专家认为，家电下乡对拉动农村内需作用非常有限。

客观地说，农村居民消费不畅并非因为家电不“下乡”，而是农民究竟有没有钱花，手里的钱能不能花。我们如此一厢情愿地要农民为我们拉动内需，内需就真的能靠他们拉动吗？理论上是这样，但是我们怎样做才能让他们来安心拉动内需呢？农民不是不愿意花钱，而是不敢花钱。试想，农民如果真的需要家电，现在交通这么发达，他们到城里去买也不过是多支付一点路费而已，他们不买肯定是由于收入低，公共产品不足，社会保障不健全等方面的原因。而且，“家电下乡”的财政补贴，最终大部分可能会落到农村地区相对富裕的人手中。

农村消费不振，其根本原因在于以下几点：

（1）减免农业税、粮价上涨等利好因素给农民带来的实惠，被农用生产资料大幅上涨等通胀因素部分化解。对照国家统计局发布的2009年1～10月份的CPI数据就会发现，这10个月中，每个月份农村物价上涨速度都明显高于城市，这一趋势越来越明显。这意味着，农村居民承受着更重的通胀压力。

（2）城乡劳动生产率差距加大。主要表现为“四个比重”持续下降：

农业部门产值占 GDP 比重明显下降，农业劳动生产率与全国平均劳动生产率的比值下降，农民人均收入占人均 GDP 的比重不断下降，农民的农业收入占总收入的比重不断下降。

（3）公共产品提供上的城乡差距日渐拉大。从卫生投入方面来看，农村人口占全国人口的 70% 左右，而公共卫生资源仅占全国总量的 30%；从教育方面来看，财政对农村教育的投资不足全国教育投入的四分之一，使得农村孩子想通过教育解困，就变得极为艰难；从公共基础设施建设来看，我国农村与城市的差距平均在 15 年以上。

上述因素导致城乡收入差距持续扩大。在这种状况下，“家电下乡”对内需的拉动作用一定是有限的。那么，对中国来说，到底该如何真正扩大内需，使内需成为拉动国家经济发展的强大动力呢？

要拉动内需、振兴经济，首先要让大多数城乡居民手里有钱，没有后顾之忧，这样他们才会对未来有信心，也才敢花钱。否则像现在这样，有钱的人不在国内花钱，大多数人没多少钱可花，激活国内市场只能是一句空话。其次要打破行业垄断，放开价格管制，加大二次分配中用于西部地区、农村建设、公共服务和社会保障的投入，积极缩小三大差距。从今天来看，重要的已经不是让少数人先富起来，而是让大多数人都能过上“小康”的幸福生活。

家电下乡的效果也许没有想象中那么大，要想真正拉动内需，最重要的还是让人们真正的富裕起来。只有人们真正的富裕起来，才能拉动内需，实现国民经济的平稳快速增长。

人民币国际化的前景

台湾《天下》杂志近期刊登的一篇文章中，描述了中缅边境的贸易场景：缅甸北部边城木姐市隔瑞丽江和云南瑞丽市相望，从这里，陆路走缅甸经泰缅边境，水路走澜沧江接湄公河，是中国货物进入东南亚的两条大动脉。在木姐市，人民币畅通无阻，泰国、马来西亚、新加坡的商人熙来攘往。

顺着湄公河往下走，可到达泰国北部大港清莱，这里到处是飘着五星红旗的中国货船，这里的商家很多都贴着“欢迎使用人民币”的标示。摊贩们都穿着有两个口袋的围裙，一个口袋放泰铢，一个放人民币。

如今，人民币在东南亚地区已经成了仅次于美元、欧元、日元的又一个“硬通货”。人民币在周边国家的流通是中国经济成长到新阶段的表现。同时说明人民币国际化进程已经开始。

那么，什么是人民币国际化呢？所谓人民币国际化就是指人民币可以在国际上自由兑换、交易、流通，成为世界各国普遍认可的结算、储备货币。人民币国际化的含义包括三个方面：首先，是人民币在境外享有一定的流通度；其次，也是最重要的，是以人民币计价的金融产品成为国际各主要金融机构包括中央银行的投资工具，为此，以人民币计价的金融市场规模不断扩大；最后，是国际贸易中以人民币结算的交易要达到一定的比重。这是衡量货币包括人民币国际化的通用标准，其中最主要的是后两点。

2008 年 12 月 24 日，国务院常务会议决定，对广东和长江三角洲地区与港澳地区、广西和云南与东盟的货物贸易进行人民币结算试点。

2009 年 7 月，《人民币跨境贸易结算试点的管理办法和实施细则》公布，上海、广州、深圳、东莞、珠海五个试点城市的 400 多家企业获得试点资格。随后，国家税务总局又出台了跨境贸易人民币结算出口退税有关事项的通知，海关总署也进一步完善了报关的相关操作细则。所有这些举措，都引发了人们对人民币国际化的关注。虽然从经济学的角度分析，人民币跨境结算并不等于人民币已经国际化了，但人民币境外流通的扩大最终必然导致人民币的国际化，使其成为世界货币。

从国际经济的发展规律来看，任何一个国家的经济实力增强以后，该国货币就必然要走向国际化。具体来说，一国货币走向国际化首先是由该国的经济基本面决定的：较大的经济规模和持续的增长趋势是建立交易者对该种货币的信心的经济基础；经济开放度较高，在世界经济中占有重要地位的国家能够获得交易者对该国货币的需求。国际交易者对该种货币的信心和需求，决定了该种货币必然在世界货币体系中发挥越来越重要的作用，并促使该货币最终成为国际货币。

改革开放 30 年来，我国经济发展所取得的成就令世界瞩目，人民币走向国际化已经成为许多专家和学者的“共识”。1999 年，美国麻省理工学院的著名经济学家鲁迪·登布森教授曾这样认为：20 年之后，在亚洲，中国的货币可能占主导地位；在南美和北美，美元将通用；在其余地区欧元将占主导地位。诺贝尔经济学奖得主、“欧元之父”蒙代尔则表示，人民币的国际化存在两大关键因素，即人民币升值预期以及人民币自由兑换。他解释说，人民币是否能成为国际货币，取决于市场。而人民币要成为市场上更具吸引力的货币，则需要让投资者认为，人民币的价值稳定且有上升空间，以及可广泛使用，即可自由兑换。

人民币国际化虽然是大势所趋，但不会一帆风顺。目前影响人民币国际化的主要因素包括，人民币国际流通量增长不足；国内金融市场深度、广度和国际标准化程度不足；国际化过程中人民币的对外价值可能发生巨大变动，妨碍经济政策自主性。

其中，人民币国际流通量不足将成为最大问题。因为在金本位的黄金时代，英国虽然存在庞大经常项目顺差，却通过资本输出向世界各地输出了大量英镑；布雷顿森林体系建立之后，美国通过经常项目逆差向世界提供美元流动性。尽管中国已经成为全世界贸易顺差最大国之一，但对外直接投资规模仍然较小。

而且，纵观全球主要国家的货币国际化的实践，一国货币国际化进程要求该货币发行国应具备以下条件：占有全球经济较大份额的经济实力；政治上高度稳定；稳定宏观经济环境和完善的市场经济体系；经济的可持续发展能力强。

从中国的发展状况来看，推动人民币国际化进程尚存在诸多不足。与货币国际化程度相对较高的国家相比，中国的经济实力还有一定的差距；同时，中国的宏观经济环境仍存在一些突出的问题。因此，现阶段大规模推动人民币国际化进程的基础并不稳固。

中国市场经济体制建设初见成效，但仍存在难以支撑人民币迅速实施国际化进程的诸多问题。如利率市场化问题，人民币汇率机制完善问题，资本项目可自由兑换问题等。以资本项目可自由兑换为例，中国之所以采用资本项目可兑换的渐进模式，主要目的在于尽可能有足够的时间来创造实行资本项目可兑换的前提条件。这些前提条件，简言之就是，稳定的宏观经济、健全的微观机制、健康的金融体系、有效的金融监管、有利的国际环境。

显而易见，中国目前尚未完全具备上述条件。中国宏观经济存在着众多的矛盾，还很不稳定，微观机制有待健全，金融体系较为脆弱，金融监管也比较薄弱，国际环境较为严峻。因此，具备人民币资本项目可兑换的前提条件还不成熟，还有较长的路要走。在这种情况下，“渐进模式”就成为必然的选择。

一个强大的货币背后必须要有强大的和高效率的经济做后盾。对于人民币国际化，我们既要认清长远机遇与重要性，也要看到当前的困难，避免盲目“乐观”或“悲观”，扎扎实实走好每一步。

金本位与美元本位

谈论世界经济问题，美元贬值始终是一个绕不过去的坎，因为每次美元贬值都对全球经济造成了极大的影响。根据美国国家经济研究局的统计，过去60多年来，美国已经遭遇了十次或大或小的经济危机。有意思的是，每次危机美国都安然度过，并在危机过后显得越发强大；相反，危机对美国的战略对手的破坏性则往往更大一些，其“以邻为壑”，转嫁压力的手段之高超娴熟在当今世界可谓首屈一指。而美元贬值则是美国向别国转嫁危机并制约其他竞争对手正常发展的惯用方法。

为什么美国每次都能把危机成功转嫁呢？难道其他国家就甘为“鱼肉”吗？这就得从金本位和美元本位说起。

20世纪以前，主要资本主义国家的金融货币体系先后实行金银复本位制，金本位制，即以黄金进行国际结算。随着资本主义经济规模和国际贸易总量的急剧增长，对作为世界货币的黄金的需求量剧增。黄金产量本来有限且分布不平衡，再加上帝国主义为备战、称霸而四处搜刮黄金，结果造成黄金流通量不断减少，从而使金本位的基础产生了动摇。20世纪30年代的大危机，进一步动摇了金本位制，一些主要资本主义国家相继放弃金本位制，改行纸币制度，最终使金本位制彻底崩溃。

金本位制彻底崩溃后，国际货币制度一片混乱，正常的国际货币秩序遭到破坏。主要的三种国际货币，即英镑、美元和法郎，各自组成相互对立的货币集团——英镑集团、美元集团、法郎集团，结果国际贸易严重受阻，国际资本流动几乎陷于停顿。因此，建立一个统一的国际货币制度，改变国际金融领域的动荡局面，已成为国际社会的迫切任务。

最终英、美等国经过数月的讨价还价，于1944年7月，在美国的新罕布什尔州布雷顿森林召开了有44国参加的联合国国际货币金融会议。会议通过了《国际货币基金组织协定》，决定成立一个国际复兴开发银行（即世界银行）和国际货币基金组织，以及一个全球性的贸易组织。1945年12月27日，参加布雷顿森林会议的22国代表在《布雷顿森林协定》上签字，正式成立国际货币基金组织和世界银行。从此，开始了国际货币体系发展史上的一个新时期。

布雷顿森林体系确定了两个最基本原则："美元与黄金挂钩"，"各国货币与美元挂钩"。还规定各国货币对美元汇率只能在美元汇率平价上下1%的幅度内浮动。这一体系确定了美元在国际金融货币体系中的主导权，美元也取得了世界货币的地位。

布雷顿森林体系的建立，在第二次世界大战后相当一段时间内，确实带来了国际贸易空前发展和全球经济越来越相互依存的时代。但布雷顿森林体系存在着自己无法克服的缺陷。其致命的一点是：以一国货币（美元）作为主要储备资产，具有内在的不稳定性。因为只有靠美国的长期贸易逆差，才能使美元流散到世界各地，使其他国家获得美元供应。但这样一来，必然会影响人们对美元的信心，引起美元危机。而美国如果保持国际收支平衡，就会断绝国际储备的供应，引起国际清偿能力的不足。这是一个不可克服的矛盾。

从20世纪50年代后期开始，随着美国经济竞争力逐渐削弱，其国际收支开始趋向恶化，出现了全球性"美元过剩"情况，各国纷纷抛出美元兑换黄金，美国黄金开始大量外流。到了1971年，美国的黄金储备再也支撑不住日益泛滥的美元了，尼克松政府被迫于这年8月宣布放弃按35美元一盎司的官价兑换黄金的美元"金本位制"，实行黄金与美元比价的自由浮动。欧洲经济共同体和日本、加拿大等国宣布实行浮动，如此现状，使得美国最终决定彻底摆脱黄金对美元的约束，实施最彻底的美元本位制。

虽然布雷顿森林体系崩溃了，可是美元在全球建立起来的霸主地位却没有动摇，而且美国挣脱了束缚自己的绳索——美元直接与黄金挂钩。这就给美元贬值创造了非常便利的条件。每当经济衰退、短期资本外流和外债规模过大同时出现的时候，美国就会拿起自己的超级武器——美元贬值。

通过美元贬值，美国就可以大量减少债务负担。许多外汇储备高的国家拥有大量美国国债，由于美国的外债绝大部分是以美元计价的，因此美元的贬值实际上意味着减轻债务负担了。

美国联邦储备委员会在2007年年底发布数据，显示自2002年达到最高位以来，美元对世界主要货币已贬值24%。

从2007年6月1日到2008年5月31日，美元贬值幅度达到10.93%。按美国高达8.5万亿美元规模的外债计算，这一年美国就可以减债1.6万亿美元。美国商务部公布的数据显示，美国2007年经常账目赤字减少了8.9%，为7386亿美元，是2001年以来首次下降。

美元短期内大幅贬值促进美国出口的增长，是经常账目赤字减少的主要原因。

同时，美元贬值并逼迫相关货币升值，可降低高外汇储备国家出口的竞争力；也可刺激国际油价上扬，既为本国油商争取最大利益，又可增加金砖四国发展经济的成本；还可减少进口，抑制依赖外贸带动国家经济的发展。一箭多雕，一举数得。

美元贬值当然还有其他作用。例如，美元贬值，美元资产如股票、债券也贬值，只要美国经济基本面好，美元资产升值前景就好，外国资本就会加速流入，购置更多的美元资产。

美国已不止一次用这种无赖方式洗劫全球经济，而且屡试不爽。因此，在学习经济学的时候，要对美元贬值有深刻的认识。这样才能对世界经济的变化有更为正确的把握。

“美元是我们的货币，却是你们的问题。”尼克松的财政部长约翰·康纳利的这句话深刻地揭露了美元的本质。美元“绑架”了全球的经济，让全世界掉进了美元“陷阱”，只要美国经济出现问题，全世界人都得为其埋单。

如果你控制了石油，你就控制了所有国家

“一夜为土，一夜为金”，这是人们对石油价格暴涨暴跌、变化无常的形象描绘。的确，世界上还没有哪一种东西能像石油价格这样，在极短的时间内陡升陡降，在世界范围内掀起政治、经济的风暴。

2008 年，国际油价经历了过山车般的大起大落，以 7 月份为分水岭，呈现出明显的倒“V”字走势。欧佩克限产、库存下降、发展中国家需求旺盛、美元疲软、剩余产能短缺、市场对地缘政治紧张局势可能导致供应中断的担心和投机基金的炒作，使国际油价从 2008 年年初的 90 美元/桶连续 6 个月上涨至 145 美元/桶以上。7 月中旬开始，美元汇率的上升以及由美国金融危机引发的对全球经济的担忧，使石油需求的负面影响增强，尤其是美国及其他发达国家对石油需求的大幅下降，使国际油价大幅震荡下跌。在 9 月中旬以后的时间里，由于国际金融危机加剧，导致油价下跌并屡屡破位，最低的时候油价掉到每桶仅 30 多美元。

作为最重要的战略经济资源，石油价格，牵动着全球的神经。历史上，油价几次大幅飙升，都对全球经济产生了较为严重的冲击，甚至导致西方主要经济体陷入衰退境地。2009 年上半年油价的迅速攀升，同样对世界各国经济造成了负面影响。对欧美国家而言，高油价削弱了民众的购买力，挤压了个人消费空间，同时增大了通货膨胀压力。对那些依赖石油进口，对高油价适应能力较弱，承受能力较差的发展中经济体而言，油价飙升可以说是雪上加霜。

对于近年来国际油价暴涨暴跌的原因，各方争论异常激烈，但大都从

各自利益出发，强调别人应该承担的责任，不够全面客观。总体来看，近年来国际油价剧烈波动是多种因素综合作用的结果。

（1）商品属性。由于原油属于不可再生性资源，因此原油短期供给弹性较小，所以在没有发现新的大型油田，或没有出现重大技术创新时，影响原油价格的最主要因素是决定原油需求的世界经济发展状况。近年来，世界经济和石油需求增长较快，而石油供给相对增长缓慢，石油剩余产能明显不足，导致石油供求处于脆弱平衡状态。而2008 年7 月中旬以来国际油价出现大幅下跌，关键在于美国金融危机导致全球经济进入调整期，石油需求增长明显放缓，这表明传统经济规律和理论仍然是有效的，决定价格基本方向的根本原因仍然是供求关系。

（2）政治属性。历史上对战略资源的争夺始终非常激烈，战争、能源外交、政局动荡、罢工事件等地缘政治风险都会影响到对资源的获取。近年来，原油的供给与需求通常处于脆弱平衡状态，市场的高度有效性使原油价格对供需失衡很敏感。供给和需求方面的任何一个变量，都会影响到供需双方的相关变量发生变化，明显影响到原油价格的波动。美国的中东政策、伊拉克战争以及对伊朗的经济制裁，损害了这些国家的石油工业，也在一定程度上减少了石油供应。而伊拉克战争使伊拉克的石油产量至今仍然无法恢复到战前水平。伊朗核问题的久拖不决，也在一定程度上影响了伊朗的石油生产和输出。再加上恐怖袭击活动对原油设施的破坏以及尼日利亚、委内瑞拉等产油国接连发生的罢工事件……因此，各种地缘政治风险扰动了石油供求关系，进而使石油价格在国际期货市场大幅走高。

（3）金融属性。尽管供求关系决定着油价的基本走向，但是，供求关系并没有导致油价如此大幅波动，石油的金融属性对油价剧烈波动起到了非常重要的推波助澜作用。国际投机资本利用经济全球化、金融一体化和金融衍生工具的杠杆效应，在国际商品期货市场上进行投资炒作，特别在油价波动较大时期，投机力量使油价波动增强。但是，必须强调，投机炒作只是对市场心理预期的集中反映，它只能跟随市场，不能领先市场，因此投机炒作助长了油价的波动，但并不是推动油价上涨或下跌的根本原因。

（4）美元持续贬值也成为油价上涨的重要推动因素。石油交易大都以美元进行结算，美元贬值的同时，相同价值的石油就等价于更多的美元。近年来，美国极度宽松的货币政策和放任美元贬值的政策，使得全球美元泛滥，而美元持续贬值强化了投资者在石油等商品上套期保值的冲动，直接推高了油价。另外，美元贬值使得石油出口国实际石油收入缩水，这在一定程度上促使欧佩克等产油国抬高油价。

从上述关于油价涨跌因素的分析中，我们可以看到，在国际石油价格的涨落变化中，或者说在市场经济为主要背景的石油贸易中，油价的正常水平与较小幅度变动，是由国际上石油的供给与需求关系决定的。而在某些短时期内油价的异常涨跌，则是由这一时期发生的某些政治事件或政治行为作用于供需关系所造成的。因此可以说，从总体上来看，政治原因是影响油价涨落的主要因素之一，甚至是造成短时期内油价大幅度陡升陡降的直接的、唯一的原因。不论是市场经济为背景的国际石油价格，还是计划体制下的某国国内石油价格，一般来说，莫不如此。

政治因素对石油价格产生重大影响的主要原因在于，石油是一种关系国家安全和国际地位及社会稳定的战略物资，在国际斗争中，往往被作为战略武器，用来威慑、制约他国，以达到政治、经济、外交上的目的。因此，石油不是一种简单的商品，而是一种具有政治特性的战略物资，所以油价变化的背后，往往有直接或间接的政治因素在起作用。

人民币升值的喜与忧

自2005年7月中国汇率改革以来，人民币对美元保持持续升值的态势。2008年4月10日，人民币兑美元的汇率首度破7，人民币汇率一时又成为舆论的焦点，甚至普通百姓也会热议人民币升值问题。有人认为人民币升值是好事情，而有人认为人民币升值是坏事情，不同的人有不同的看法。那么，到底人民币升值是好是坏呢？

有人认为人民币升值了，老百姓出国旅游，买原装进口汽车，买瑞士表更便宜了，大企业到国外吞并企业成本降低了……美国为什么下大力气逼迫人民币升值？难道美国人傻吗，让自己国家的钱不值钱？其实我们从日元相对美元的升值就能看出其中的道理。1985年美、英、法、前联邦德国在纽约广场饭店举行会议，迫使日本签下了著名的《广场协议》，签字之前美元兑日元在1美元兑250日元上下波动，《广场协议》签订后，在不到3个月的时间里，快速下跌到200日元附近，跌幅达20%。到1987年，最低到1美元兑120日元，在不到三年的时间里，美元兑日元贬值达50%，也就是说，日元兑美元升值了一倍。日本人当时也以为自己一夜之间成为了富翁，但事实却是日本经济进入了十多年的低迷期！

人民币的升值对富人的好处确实是显而易见的，如人民币对美元升值，以前8．5元人民币换一美元，现在不到7元就可换到，到国外去玩、去购置产业就更廉价了，显而易见富人手里的钱更值钱了。但对于靠工资生活的老百姓来说却没有多少好处，甚至带来了坏处。首先是物价问题，由于境外游资对人民币是否升值展开了豪赌，大量热钱促使物价上涨。其次就是就业问题！外国企业到中国来办厂，最吸引他们的就是低廉的劳动力成本，一旦人民币升值的幅度威胁到外国企业的利益（因为人员工资等费用是以人民币结算），他们就会撤资，去寻找更低廉的劳动力市场。再有，就是不利于中国产品的出口。因为换汇成本问题，我国的产品在国际市场上价格高了，肯定影响到占有率。比如，人民币升值前，1 美元折合 8 元人民币，升值后，1 美元只折合 7 元人民币。假设 1 元人民币可以买 1 个包子，升值前，外国人用 1 美元本来能买 8 个包子，升值后，1 美元只能买 7 个包子了。也就是说中国的东西变贵了，外国人就会不买你的东西，而去买更便宜的东西，因此，中国的出口量就要减少。这样一来，国内的企业特别是出口企业就更困难了。

总体来说，人民币升值是大势所趋，关键是如何升。其实，客观地说，人民币升值是一把“双刃剑”。升得恰到好处，则对我国有利；升得不好，则对我国有害。具体来说，有利的方面体现在以下几点：

（1）人民币升值给国内消费者带来的最明显变化，就是手中的人民币“更值钱”了。你如果出国留学或旅游，其费用会比以前少了，或者说，花同样的钱，将能够办比以前更多的事。如果买进口车或其他进口产品，你会发现，它们的价格变得“便宜”了，从而让老百姓得到更多实惠。

（2）有利于进口产业的发展。人民币升值以后，其购买能力就提升了，企业进口的成本就降低了。

（3）人民币升值可能意味着人民币地位的提高，也意味着中国经济在世界经济中的地位得到了提升。一国货币的升值和贬值，是一国国力的象征，比如，近年来，你到东南亚各国去旅游，只要带人民币就可以了。人民币并不能自由兑换，为什么东南亚各国会接受人民币呢？那是因为中国经济实力增强了，人民币获得了人们的认可和信任。这样，靠经济实力说话的人民币自然而然也就获得了更大的国际事务话语权。

人民币升值的弊端体现在以下几点：

（1）人民币升值会影响到我国的外贸和出口。人民币升值，就会提高中国产品的价格，加大资本投入的成本，带来的是我国出口产品竞争力的下降，从而引发国内经济的不景气。

（2）人民币升值不利于我国引进境外直接投资。我国是世界上引进境外直接投资最多的国家，目前外资企业在我国工业、农业、服务业等各个领域发挥着日益明显的作用，对促进我国技术进步、增加劳动就业、扩大出口等促进整个国民经济发展的诸项方面也产生着不可忽视的影响。人民币升值后，则会对外资造成很大的影响。

（3）人民币升值会加大国内就业压力。人民币升值对出口企业和境外直接投资的影响，最终将体现在就业上。因为我国大部分的出口产品是劳动密集型产品，出口受阻必然会加大就业压力；外资企业则是提供新增就业岗位最多的部门之一，外资增长放缓，会使国内就业形势更为严峻。

（4）人民币升值影响金融市场的稳定。人民币如果升值，大量境外短期投机资金就会乘虚而入，大肆炒作人民币汇率。在中国金融市场发育还很不健全的情况下，这很容易引发金融货币危机。这就好比是一户本来很穷的人家，来了一个富亲戚，为他们带来了暂时的“富裕”生活。为使生活更富裕，这户人家想借钱做些生意，外人便因其阔而借给这家人巨资，不料这户人家的富亲戚突然消失，留给这户人家的只有高筑的债台，最终导致这家人破产。

调控经济的“大手”：货币政策与经济发展

在第二届广东中小企业经济论坛上，国家发改委中小企业司有关负责人透露，据初步统计，全国2008年上半年6.7万家具有一定规模的中小企业倒闭。作为劳动密集型产业代表的纺织行业，中小企业倒闭超过1万多家。有2/3的纺织企业面临重整。

在我国经济高速发展的现在，为什么有如此众多的企业倒闭？其原因是很复杂的，有经济大环境因素，企业自身的结构，市场优胜劣汰等诸多原因。但有一条原因不能否认。近几年，由于房地产市场过热，导致房价大幅上涨，再加上股市大幅飙升，因此政府认为经济过热、流动性过剩，造成了现在的通货膨胀。为了紧缩房地产市场、抑制通货膨胀，央行采取了紧缩性的货币政策，多次提高银行利率和银行存款准备金率。我国到2008年6月25日的时候存款准备金率高达17.5%，这在全世界都是最高的。

央行采取了回收流动性的货币手段，导致国内消费形势不明朗，企业贷款普遍较难，特别是中小企业，因此大规模的中小企业倒闭也就不足为奇了。

由此我们可以看出，国家的货币政策就像一只“大手”，不断地校正着国家经济的方向，对经济会产生重大的影响。那么，我们就很有必要对货币政策作深入的了解。

通常来说，货币政策是指中央银行为实现既定的经济目标（稳定物价，促进经济增长，实现充分就业和平衡国际收支）运用各种工具调节货币供给和利率，进而影响宏观经济的方针和措施的总和。

货币政策分为紧缩性的和扩张性的两种。紧缩性的货币政策是通过削减货币供应的增长率来降低总需求水平，在这种政策下，取得信贷较为困难，利息率也随之提高。因此，在通货膨胀较严重时，采用紧缩性的货币政策较合适。扩张性的货币政策是通过提高货币供应增长速度来刺激总需求，在这种政策下，取得信贷更为容易，利息率会降低。因此，当总需求与经济的生产能力相比很低时，使用扩张的货币政策最合适。

运用货币政策所采取的主要措施包括七个方面：

（1）控制货币发行。

（2）控制和调节对政府的贷款。

（3）推行公开市场业务。

（4）改变存款准备金率。

（5）调整再贴现率。

（6）选择性信用管制。

（7）直接信用管制。

货币政策对宏观经济进行全方位的调控，调控作用突出表现在以下几点：

（1）通过调控货币供应总量保持社会总供给与总需求的平衡。货币政策可通过调控货币供应量达到对社会总需求和总供给两方面的调节，使经济达到均衡。当总需求膨胀导致供求失衡时，可通过控制货币量达到对总需求的抑制；当总需求不足时，可通过增加货币供应量，提高社会总需求，使经济继续发展。同时，货币供给的增加有利于贷款利率的降低，可减少投资成本，刺激投资增长和生产扩大，从而增加社会总供给；反之，货币供给的减少将促使贷款利率上升，从而抑制社会总供给的增加。

（2）通过调控利率和货币总量控制通货膨胀，保持物价总水平的稳定。无论通货膨胀的形成原因多么复杂，从总量上看，都表现为流通中的货币超过社会在不变价格下所能提供的商品和劳务总量。提高利率可使现有货币购买力推迟，减少即期社会需求，同时也使银行贷款需求减少；降低利率的作用则相反。中央银行还可以通过金融市场直接调控货币供应量。

(3) 调节国民收入中消费与储蓄的比例。货币政策通过对利率的调节能够影响人们的消费倾向和储蓄倾向，低利率鼓励消费，高利率则有利于吸收储蓄。

(4) 引导储蓄向投资转化并实现资源的合理配置。储蓄是投资的来源，但储蓄不能自动转化为投资，储蓄向投资的转化依赖于一定的市场条件。货币政策可以通过利率的变化影响投资成本和投资的边际效率，提高储蓄转化的比重，并通过金融市场有效运作实现资源的合理配置。

货币政策是国家经济发展的调节器。经济发展过快，实行紧缩性货币政策；经济出现下滑，实行扩张性货币政策。

后危机时代的新经济模式：低碳经济

2009 年 11 月初的北京迎来了这一年的首场降雪，这也是 22 年来该市降雪最早的一年；不到 10 天，一场暴雪又袭击了中国北部六省，波及范围之广、来势之汹也为多年罕见；11 月中旬，杭州也出现了“昼如黑夜、电闪雷鸣”的怪天气；10 月 12 日至 13 日，欧洲的德国、奥地利、瑞士和波兰等国家迎来 2009 年的第一场大雪，也打破了这些国家最早下雪的纪录。全球气候到底怎么了？反常天气出现的原因何在？美国总统奥巴马 2009 年 11 月访华时提出的“发展低碳经济”的口号为我们揭开了“气候反常”谜团的答案。

自第二次世界大战以来的 60 多年里，世界各国依托石油发展实体经济，在造就辉煌的经济奇迹之外，还带来了另一个重要后果，便是世界气候逐渐恶化，其背后推手是越排越多的二氧化碳。环境问题，已经成为对全球范围可持续发展的最严峻挑战。气候反常造成的经济损失每年超过 1250 亿美元——这比每年给予发展中国家的援助资金总额要高得多。到 2030 年，经济损失更将达到 3400 亿美元。传统实体经济如继续增长，意味着气候进一步恶化，各种极端气候现象将会相继出现。与一般的环境污染物不同，二氧化碳排放有较强的越界污染性，任何国家都无法借用以往转移生产的方式来自我局部解决。气候变化成为全球经济发展面临的严重问题，调整实体经济发展方向，向“改善气候”所要求的新经济转型已势在必行，而这种新经济正是低碳经济。

低碳经济的概念源于英国。2003 年，英国发表能源白皮书《我们能源的未来：创建低碳经济》，提出要用低碳基能源、低二氧化碳的低碳经济发展模式，替代当前的化石能源发展模式。2007 年，联合国讨论制定 2012 年开始的《后京都行动方案》，促进了低碳经济概念在世界上的传播。2008 年，联合国提出用绿色经济和绿色新政应对金融危机和气候变化的双重挑战，把低碳经济看做是拯救当前金融危机、实现全球经济转型的重要途径。2009 年，伦敦 G20 峰会承诺："我们同意尽力用好财政刺激方案中的资金，使经济朝着有复原能力的、可持续的、绿色复苏的目标迈进。我们将推动向清洁、创新、资源有效和低碳技术与基础设施的方向转型。"

低碳经济的含义，可从以下两方面来理解：

1. 从宏观的经济增长与能源消耗、二氧化碳的关系看，低碳经济是指经济增长与化石能源消耗脱钩的经济。如果化石能源消耗相对于经济增长是非常小的正增长，就是相对低碳化的经济；如果化石能源消耗相对于经济增长是零增长甚至负增长，就是绝对低碳化的经济。

2. 从微观的物质流过程来看，低碳经济包括以下三个方面的经济活动。

(1) 在经济过程的进口环节，要用太阳能、风能、生物能等可再生能源替代化石能源等高碳性的能源；

(2) 在经济过程的转化环节，要大幅度提高化石能源的利用效率，包括提高工业能效、建筑能效和交通能效等；

(3) 在经济过程的出口环节，要通过植树造林、保护湿地等增加地球的绿色面积，吸收经济活动所排放的二氧化碳，即所谓碳汇建设。

低碳经济具有经济、就业、减排三重效益。在当今世界，讨论新的经济增长点，已经不能单一地考虑某种新产业对于经济增长的作用。能够作为经济增长点的新兴产业或创新活动，不仅要对持续的经济增长有贡献，而且要对提高劳动就业和降低二氧化碳排放量有重要贡献。也就是说，只有具有经济增长、劳动就业、节能减排等三重效益的新型产业，才称得上是可持续发展经济中的增长点。低碳经济之所以被认为是未来经济最有希望的增长点，就是因为它具有明显的三重效益。例如，从全球范围看，目前建筑领域能耗及其温室气体排放和废物产生量占总能耗及相应排放量的

30% ~40%。如果用好现有的技术，就可以使建筑能耗降低80%。向清洁和高效的城市公共交通转型，则具有明显的就业放大效应，每创造一个直接的工作岗位，就能让相关行业出现多个工作机会。

预计到2020年左右，低碳经济将会在全世界范围内形成较大的气候。联合国相关调查报告显示，以低碳经济为主导的绿色经济的启动由三个阶段组成。

1. 在短期内，即在2009年~2010年要拿出全球GDP的1%（相当于7500亿美元，占到当前全球拯救经济危机3万亿美元的1/4）投资于低碳领域，让经济复苏具有足够强度的绿色比重，为危机后的经济转型打下基础。

2. 在中期阶段，到2015年，要努力通过低碳经济消灭极端贫困，实现联合国千年发展目标。

3. 在中长期阶段，低碳经济的发展要在促进全球经济增长和绿色就业的同时，实质性地降低经济增长对碳基能源的依赖，为实现全球二氧化碳排放量到2020年要相对于1990年减少20%的目标做出贡献。

由于在传统实体经济和当前的经济复苏中，政府的财政政策和经济政策往往集中在对房地产、化石能源、私人汽车、金融衍生品等传统产业的补贴和投资上，而对新能源、提高能效、生态基础设施等低碳经济产业的政策倾斜明显不够，成为导致低碳经济迟迟发展不起来的主要原因，因此，低碳经济的成长关键在于制度的创新。

低碳经济的争夺战，已在全球范围内悄然打响。这对于中国来说，是压力，也是挑战。发展低碳经济，对于中国实现经济增长、充分就业、保护环境，实现生产发展、生活富裕、生态和谐具有显著的推进意义。同时，中国在低碳经济的三个行动领域，即发展可再生能源，提高能源效率，建设碳汇项目等方面，都有一定的发展基础，具有培育成为新的绿色经济增长点的潜力和发展空间。如果说中国在过去的几次世界范围的经济浪潮中大多处于追赶状态和补课状态的话，那么，中国不能在当前以低碳经济为内容的绿色经济浪潮中再失良机了。现在最重要的是，要在了解国际社会进展节奏的基础上，制定出到2020年能够将低碳经济发展成为中国经济新支柱的行动路线图，要通过产业结构、城市空间、生活方式和政府政策等方面的低碳化转型，为发展低碳经济创造市场条件和制度条件。然而，低碳经济在中国的发展依然困难重重，面对如下挑战：

1. 加快推进工业化、城市化、现代化的中国，正处在能源需求快速增长阶段，大规模基础设施建设不可能停止；长期贫穷落后的中国，致力于改善和提高13亿人民的生活水平和生活质量，带来能源消费的持续增长。传统实体经济特征突出的高碳排放，成为中国可持续发展的一大制约。怎样既确保人民生活水平不断提升，又不重复西方发达国家以牺牲环境为代价谋发展的老路，是中国必须面对的难题。

2. “富煤、少气、缺油”的资源条件，决定了中国能源结构以煤为主，低碳能源的选择有限。在我国的电力发展中，水电占比只有20%左右，火电占比达77%以上，高碳能源占绝对的统治地位。据计算，每燃烧一吨煤炭会产生4.12吨的二氧化碳气体，比石油和天然气每吨多30%和70%，而据估算，未来20年中国能源部门电力投资将达1.8万亿美元。火电的大规模发展对环境的威胁，不可忽视。

3. 中国经济的主体是第二产业，这决定了能源消费的主要部门是工业，而我国工业生产技术水平落后，又加重了中国经济的高碳特征。资料显示，从1993年到2008年，中国工业能源消费年均增长5.8%，工业能源消费占能源消费总量的70%左右。采掘、钢铁、建材水泥、电力等高耗能工业行业，2008年能源消费量占了工业能源消费的64.4%。调整经济结构，提升工业生产技术和能源利用水平，是一个重大课题。

4. 作为发展中国家，中国经济由传统实体经济向低碳经济转变的最大制约，是整体科技水平落后，技术研发能力有限。尽管《联合国气候变化框架公约》规定，发达国家有义务向发展中国家提供技术转让，但实际情况与之相去甚远，中国不得不主要依靠商业渠道引进技术。据估计，以2008年的GDP计算，中国由高碳经济向低碳经济转变，年需资金250亿美元。这样一个巨额投入，显然是尚不富裕的发展中的中国的沉重负担。

虽然中国发展低碳经济困难重重，但是为了保护环境，走可持续发展道路，中国依旧大力推行低碳经济，并且在风能、太阳能等清洁能源领域

读石油版书，获亲情馈赠

亲爱的读者朋友，首先感谢您阅读我社图书，请您在阅读完本书后填写以下信息。我社将长期开展“读石油版书，获亲情馈赠”活动，凡是关注我社图书并认真填写读者信息反馈卡的朋友都有机会获得亲情馈赠，我们将定期从信息反馈卡中评选出有价值的意见和建议，并为填写这些信息的朋友免费赠送一本好书。

经济学和你想象的不一样

1. 您的文化程度：大专□　大本□　大本以上□　其他__________
2. 您购买本书的动因：书名、封面吸引人□　内容吸引人□
   版式设计吸引人□
3. 您认为本书的内容：很好□　较好□　一般□　较差□
4. 您认为本书书名反映内容的程度：很高□　较高□
   一般□　较差□
5. 您认为本书在哪些方面存在缺陷：内容□　封面□
   装帧设计□
6. 您认为本书的定价：较高□　适中□　偏低□
7. 您对本书的综合评价

____

____

您的联系方式：

姓名____________

单位________________　邮政编码________________

地址________________　电话____________________

手机________________　E-mail __________________

回信请寄：石油工业出版社有限公司

大众图书出版中心收　　　邮政编码：100011

北京市朝阳区安华西里三区 18 号楼 1105 室

电子信箱：petropub@ 163. com（复印有效）

发展迅速，目前国内 10 个城市率先推动 LED 绿色照明和电动汽车的发展。而在为应对全球金融危机实施的 4 万亿元经济刺激方案中，用于节能减排和生态建设的资金超过 2000 亿元，足以看出中国政府发展低碳经济的决心。

2009 年 11 月 26 日，中国政府宣布，到 2020 年中国单位国内生产总值二氧化碳排放比 2005 年下降 40% ~45%，作为约束性指标纳入国民经济和社会发展中长期规划，并制定相应的国内统计、监测、考核办法。有理由相信，未来的中国将是绿色的中国、环保的中国，极端气候现象出现的次数也会越来越少。

随着人们对气候变化的日益关注，世界经济向低碳经济转变的趋势愈发明显。低碳经济的争夺战，已在全球范围内悄然打响，这对中国来说，是压力，也是挑战。